U0749651

克·勒·门
文·丛

# 花落
## 张爱玲下半出

淳子　　著

生活·讀書·新知
三联书店

图书在版编目(CIP)数据

花落:张爱玲下半出 / 淳子著. —北京:生活·读书·新知三联书店,2016.11

(克勒门文丛)

ISBN 978－7－108－05837－9

Ⅰ.①花… Ⅱ.①淳… Ⅲ.①张爱玲(1920—1995)－生平事迹 Ⅳ.①K825.6

中国版本图书馆 CIP 数据核字(2016)第 254287 号

责任编辑　麻俊生　陈丽军

封面设计　储　平

封面插图　林明杰

图片编辑　茅文蓉

责任印制　黄雪明

出版发行　生活·讀書·新知　三联书店

　　　　　(北京市东城区美术馆东街 22 号)

邮　　编　100010

印　　刷　上海丽佳制版印刷有限公司

排　　版　南京前锦排版服务有限公司

版　　次　2016 年 11 月第 1 版

　　　　　2016 年 11 月第 1 次印刷

开　　本　880 mm×1230 mm　1/32　印张　5.875

字　　数　110 千字

印　　数　0,001—6,000 册

定　　价　28.00 元

花落莲成。

落地的麦子不死。

每一只蝴蝶都是花的精灵，回来寻找前世。

# 序一 | 留住上海的万种风情

陈 钢

　　当我们走进上海的大门——外滩时,首先听到的是黄浦江上的汽笛长鸣和海关大楼响起的钟声。那是上海的声音、历史的声音和世界的声音。接着,我们可以看到那一道由万国建筑博览群组成的刚健雄伟、雍容华贵的天际线,它展示了作为现代国际大都会大上海的光辉形象。当我们转身西行,乘着叮当作响的电车驶进夹道满是梧桐树的淮海中路时,又会在不知不觉里被空气中弥漫的法国情调所悄然迷醉,也会自然而然地想起张爱玲所说的"比我较有诗意的人在枕上听松涛、听海啸,我是非得听见电车响才睡得着觉的……"。除了这张爱玲所特别钟爱的上海"市声"外,我们还能在电影、舞厅和咖啡馆里找到世界的脉搏和时代的节奏,找到上海的声音。丹尼尔·贝尔认为,"一个城市不仅是一块地方,而且是一种心理状态,一种独特生活方式的象征"。上海是中国一块得天独厚的风水宝地,它不仅使古老的中国奇迹般的出现了时尚繁华的"东方华尔街"和情调浓郁的"东方巴黎",而且催生了中国的城市文化——海派文化,催生了中国的第一部电影、第一个交响乐团、第一所音乐学院和诸多的"第一"……

"克勒"曾经是上海的一个符号,或许它是 class(阶层)、color(色彩)、classic(经典)和 club(会所)的"混搭",但在加上一个"老"字后,却又似乎多了层特殊的"身份认证"。因为,一提到"老克勒",人们就会想到当年的那些崇尚高雅、多元的审美情趣和精致、时尚生活方式的"上海绅士"们。而今,"老克勒"们虽已渐渐离去,但"克勒精神"却以各种新的方式传承开发,结出新果。为此,梳理其文脉,追寻其神韵,同时将"老克勒"所代表的都会文化接力棒传承给"大克勒"和"小克勒"们,理应成为我们这些"海上赤子"的文化指向和历史天职。于是,"克勒门"应运而生了!

"克勒门"是一扇文化之门、梦幻之门和上海之门。推开这扇门,我们就能见到一座座有着丰富宝藏的文化金山。"克勒门"是一所文人雅集的沙龙,而沙龙也正是一台台城市文化的发动机。我们开动了这台发动机,就可能多开掘和发现一些海上宝藏和文化新苗,使不同的文化在这里可以自由地陈述、交流、碰撞和汇聚。

"克勒门"里美梦多。我们曾以"梦"为题,一连推出了十二个梦。"华梦""诗梦""云梦""戏梦"……从"老克勒的前世今生"到"上海名媛与旗袍",从"海派京剧"到"好莱坞电影",从"小口琴"到"大王开"……在"寻梦"中,我们请来作家白先勇畅谈他的"上海梦",通过"尹雪艳总是不老"来阐明"上海永远不老"的主旨。当然,上海的"不老"是要通过文化的传承和发展来实现的。于是，我们紧接着又将目光指向年轻人、指向未来，举行了"青梦"，三位上海出生的、享有国际声誉的"小克勒"回顾他们在青春路上的种种机遇、奋进和梦幻。梦是现实的奇异幻境，可它又会化为朵朵彩云，洒下阵阵细雨，永远流落在人世间。

"克勒门"里才俊多。这里有作家、诗人、画家、音乐家、演员、记者和来自四面八方的朋友们。他们不仅在这里回顾过往、将记忆视为一种责任，更是以百年上海的辉煌作为基点，来远望现代化中国的灿烂未来！有人说，"克勒门"里的"同门人"都很"纯粹"。纯粹（pure）和单纯（simple）还不完全一样。单纯是一种客观的状态，而纯粹，是知晓世事复杂之后依然坚守自己的主观选择。因为"纯粹"，我们无所羁绊；因为"纯粹"，我们才能感动更多"同门人"。

"克勒门"里故事多。还记得当"百乐门"的最后一位女爵士乐手、八十八岁的俞敏昭被颤颤巍巍地扶上舞台，在钢琴上弹起《玫瑰玫瑰我爱你》时顿时青春焕发的动人情景吗？还记得"老鸿翔"小开金先生在台上亲自示范、为爱妻丈量旗袍的三十六个点的温馨场面吗？当见到白先勇在"克勒门"舞台上巧遇年少时的"南模"同窗，惊讶地张大眼睛的神情和"孙悟空之父"严定宪当场手画孙悟空，以及"芭蕾女神"谭元元在"克勒门之家"里闻乐起舞，从室内跳到天台的精彩画面时，你一定会觉得胜似堕入梦中。当听到周庄的民间艺人由衷地用分节长歌来歌颂画家陈逸飞，九旬老人饶平如初学钢琴、在琴上奏出亡妻最爱的《魂断蓝桥》,特别是当配音艺术家曹雷在朗诵她写给英格丽·褒曼、也是写给自己的那首用心写的短诗时,你一定会有一种别样的感动!还有,作家程乃珊的丈夫严尔纯在笑谈邬达克精心设计的绿房子时所流溢的得意之心,和秦怡老师在"王开照相馆"会场外意外发现亲人金焰和好友刘琼照片时所面露的惊喜之情,都会给我们带来一片片难忘的历史的斑痕和一阵阵永不散落的芳香……

记忆是一种责任。今天,当我们回望百年上海时,都会为这座曾经辉煌的文化大都会感到自豪,但也会情不自禁地为那一朵朵昔日盛开的文化奇葩的日渐萎谢而扼腕叹息。作家龙应台说,文化是应该能逗留的。为了留下这些美丽的"梦之花",为了将这些上海的文化珍宝串联成珠、在人世间光彩永放,"克勒门"与发祥于上海的"老牌"出版社生活·读书·新知三联书店共同筹划出版了这套"克勒门文丛",将克勒门所呈现的梦,一个一个地记录下来。这里,我们所推出的这两本书是淳子所著的张爱玲传奇两部曲——《花开——张爱玲上半出》和《花落——张爱玲下半出》。

淳子是著名的上海女作家和资深媒体主持人。她的《张爱玲地图》,出版过五个版本,在中国大陆和港澳台地区均享有张爱玲学专家的美誉,久了,她的文字里也有那么一点儿"张味"了……那么,淳子与张爱玲间究竟有什么难分难解的因缘呢?我想,那可能就是因为她们都有着同样对上海的"半生缘",而这个"半生"实为一生,那就是这座须臾也离不开的城市——上海所给予她们的全部生命。

淳子从未停歇过追逐张爱玲的足迹。上海、香港、东京、纽约、波士顿、迈阿密、洛杉矶，淳子历时二十多年，考察、研究张爱玲的作品和生平，获得了大量的独家资料，她自称《花开——张爱玲上半出》和《花落——张爱玲下半出》这两本书是"用脚写成的"。"站在遗迹残址上，我并非试图借地还原，那无异于刻舟求剑。我的涓滴寻找求证，说起来是为了印证她的历史足迹，其实更是借此向那位曾在另一时空打动我的文字书写者致敬——愿那颗灵魂已结束漂泊，回到她深爱的城市，永远安息。"（美国女作家李黎）

人生如戏。淳子的这两本书，用"上半出"和"下半出"分别记述了张爱玲在上海和美国的两段不同的情感人生。张爱玲是一朵海上花，她有过繁花盛开的爱情，有过朗月照人的青春；但她也像是一曲远离尘世的绝唱，有着一段如同英国大提琴家杰奎琳·杜普蕾那样的"比烟花还寂寞"的余生。而从某种意义上说，张爱玲的"上半出"可谓是她全部的真实人生。淳子评论张爱玲："她所有的写作，她的经验就是她的青春二十四年、她的前生。她以后的书写，只是在不断地咀嚼、涂抹，反复地利用这个前生。张爱玲写作的原乡、生命的原乡是上海，甚至于可以说就是上海、她居住过的老房子。离开了上海，离开了她曾经居住过的老房子，她的生命就如失了血。她在美国写过很多文章，但那些文章，都是她作品的稀薄影子，越写越淡了；没有了上海，她的血脉便被切断了。"

　　张爱玲是一个谜，一个并不太远的背影。至于她的"情史""情话""情缘""情殇"等，则更是一部隐之书。有人说，张爱玲的一生是传奇，张爱玲的魅惑如流言。漫漫半世纪，张爱玲仍是诱惑人们释读却难解的谜。可我觉得她就像是一阵清风，一片浮云，若隐若现，若即若离，最后只剩下那一丝余音……可是，说她像"一丝余音"也不尽然；不然，她又怎会像俗世里的滚滚红尘，那么轻、那么小、那么不起眼，但却时而狂风乍起，席卷大地，始终不渝地紧贴在这块"没有离开家就已想家了"的土地上，不想离去，不愿离去，也不忍离去呢？所以，人们如何评说这个女子都不是，都不像。她是豪门，还是市井？她在倾诉，还是私语？她是诗、是画，还是一汪涓涓流过的清泉？她，是一簇簇盛开的繁花呢，还是那一缕缕袅袅袭来而又轻轻飘去的烟花？啊，花非花，梦非梦，花开花落又如何！啊，海上花，张爱玲，请留下你的花瓣、你的背影、你的味道、你的气息，你那永远在天边飘浮回荡的音乐般的灵魂和那一连串断断续续的问号和叹号……

　　"克勒"是一种气度、一种格调，更是一种精神、一种文化。让我们一起走进"克勒门"和"克勒门文丛"，寻找上海，发现上海，书写上海，歌唱上海，让我们每个人都成为有历史守望与文化追寻的梦中人，传承和发扬高雅、精致和与时俱进的海派文化精粹，用我们的赤子之心留住上海的万种风情！

# 序二　旗袍,说张爱玲,彰显上海格调

王　岚

多年前,读到一本《白天睡觉的女人》,作者淳子就此在心中盘桓。彼时,她是红透半边天的电台女主播,在《相伴到黎明》等节目中,揣着一颗担当的心,尽洒才智。

认识淳子,是因为她的母亲。她母亲有着旗人的血统,也是1949年后第一代国安人员。一个冬日,我去采访她母亲,淳子戴着黑呢帽陪坐在旁,偶尔插一句,偶尔剥瓣橘子,轻轻吸吮。

因为都愿意亲近文字,所以时不时地约个咖啡,谈点小心得。偶尔也去听淳子的讲座,听她讲张爱玲,讲老房子,讲上海人的格调,讲上海的前世今生……她身着合体的旗袍,那些即将逝去或者已经逝去的美好,从她嘴里说出来,竟是那般的契合。许多人预约不到,竟会一早去排队,站在后面静静地听,感受着她对这座城的用心。

一次,在东方艺术中心,淳子主持一档评弹节目。开场前,阿姨爷叔一个个比分贝,剧场闹猛如市井。当淳子身着旗袍,在一晕灯光中缓缓出场、坐定,未开口,场子里瞬时静谥下来。待散场，许多人围在台前，欲近距离一睹她的真容。有人感叹：迪额人（上海话，这个人的意思）着旗袍蛮像样。当旗袍脱离了家常的范畴，变成淑女名媛的标志，对穿着者的要求，便是越加苛刻了。并不是有着一副好身材就能穿出好模样的，能驾驭者倒是不论高矮，无关年龄，但需得有内涵有韵味。在日常生活中，穿旗袍者不多，能穿好看的，更不多。旗袍，是淳子的标志。

从小在洋房里长大的淳子，爱上海的方式，也是独特的。追随张爱玲的足迹，淳子几近成了私家侦探。二十多年的时间里，她左手拿着地图，右手捧着照相机，寻着张爱玲从小到大的足迹，一一拍照记录。为核实相关资料，甚至托人去公安局查旧档案。

眼看着许多有故事的房子一夜间消失，淳子非常心痛。她常常坐在旧时爱丁顿公寓沿街的咖啡馆，这里是张爱玲用情最深的地方，她怕哪天，这里也没有了。她会一个人去梅陇镇酒家，一碟鳜鱼镶面、一盏茶，吃吃、想想、写写，张爱玲曾经在那条弄堂里短暂居住。所幸，眼前还有看得见的风景。

在温州，张爱玲放下身段去看逃亡中的胡兰成，看到深爱的男人和别的女人已然成了夫妻，她忍痛离开那间小屋，至此挥泪情断。淳子一路寻去，说通屋主进到小屋里，举目四望想象着张爱玲的痛。临走，拍下屋主挥手告别的身影。这个升斗小民大概不会想到，因为张爱玲，因为淳子，他也成了历史人物。

在香港的幽深山道上，淳子的背挺得笔直，捧着三四斤重的《小团圆》手稿复印件，喜悦弥漫全身，那是她从张爱玲遗嘱受益人宋以朗处得来的。

常年的深耕积累，淳子这班人把"张学"弄成"显学"，她的演讲遍及中国及东南亚，连美国、澳大利亚、加拿大的一些学术团体也邀请她去演讲，哈佛大学悉数收藏了她关于张爱玲的作品。那年在台湾诚品书店，想找淳子的《她的城——张爱玲地图》，被告知售空，甚觉惊讶。目前为止，该书销量已达十万册。近日，她的《花开——张爱玲上半出》面世，也没见她造何声势，却也卖断了。她道，索性等《花落——张爱玲下半出》出版，一起邮寄给你吧！

淳子在《上海格调》里写过：生活的品位与钱无关，与格调有关。淳子的格调，打动无数老少文青。在海纳百川包容并蓄的上海滩，她坚持优雅精致的路数，绝不向粗鄙流俗俯首。不管是吃只本土生煎抑或芝士肉酱面，也要碟是碟，盅是盅，不肯马虎。

淳子不是明星，是作家，而且，她还把自己弄成坐冷板凳的作家，一味地往小众路上走。也正是这样，她以一己之力，一个人的激情和行动，为海派文化留下点点印痕。不计较名利的人，便是不着急的。她总是慢慢地，像在喝一杯咖啡，望望野眼，说说白话，忽地，就推出一篇美文，或者，一部著作。

# 目录

1952 年 7 月,小暑那天,姑姑差使佣人买来一只活杀的母鸡,葱姜绍酒,炖了一锅汤,待到黄澄澄鸡油浮出水面,放几张新荷叶,把浮油吸了去,却留下了几许初夏的清香。浅浅的一碗,姑侄二人,静静地喝着,各自揣着各自的心思。

姑姑淡淡道:"你奶奶,这个时节,就好这一口荷叶汤,汤里还要搁面鱼,那面鱼,和太湖里的银鱼似的,细细的一条,可惜了,我不会做。"

张爱玲那边低低应了一声,搁下碗,怔了一会儿道:"姑姑,我这一走,那里的地址也是不能给你的。你是不知道的好。免得连累。"

姑姑穿一件月牙白的旗袍,周身不见一样首饰。大约是天热,她只管喝着汤,一小勺、一小勺地抿着。

窗外,夜蝉,许是累了,只鸣了一个长长的响,便落进绿阴里歇息去了。

一早,三轮车已停在公寓门前。

张爱玲不敢多带物品,只收拾了一个中号的箱子。姑姑掂了掂箱子,转身回自己房间,取来一本线装宋版书道:"里面给你压了几张金叶子,不凑手的时候,连书一起兑了。"

张爱玲接了过来,竟也来不及伤感,提了箱子进了电梯。

三轮车夫奋力踩着轮子,一直往东,去码头。

太阳渐渐地高了,晒得发晕,车夫停下来,拉起了遮阳篷。

国际饭店、跑马厅、四马路、外白渡桥、俄国领事馆,还有礼查饭店,父亲就是在这里与继母订婚的。

此番她要去的地方是香港,因为她复读香港大学的申请获得了批准。

1939 年,张爱玲曾赴港大读书。1942 年,香港沦陷,张爱玲被迫中断了在港大的学业,是托了高层的熟人,才买到回上海的船票,下船的时候才发现,与京剧名伶梅兰芳同船。下了船,也是雇了人力车,也经过这些地标建筑,只是此番顺序是相反的。

香港和上海,构成了张爱玲作品的两个重要的空间。

七月流火,张爱玲从罗湖出境,她看见乡下人挑着担子可以自由出入,很羡慕他们。

那天,她随着火车上下来的一群人过了罗湖桥,把证件交给铁丝网那边的香港警察。警察拿了送到一个小屋去研究,就此音信杳然。正是大热天,张爱玲就站在太阳地里等着。

这桥,是一个关卡,关乎命运。

罗湖桥的桥面由粗木铺成,桥的两端分别由两方的军警把守。

张爱玲排在长长的队伍里,等待过关。

香港警察严防死守,摆出一副"宁可错杀三千,不愿一人漏网"的样子。

排队的人群中充满了紧张、疲惫、忐忑的气氛。

香港警察是个瘦长的广东靓仔,戴着新款太阳眼镜,短袖衬衫,百慕大短裤烫得笔挺,看上去又凉爽又倨傲,背着手踱来踱去。这边站岗的士兵,一个腮颊圆鼓鼓的北方男孩,穿着不太合身的制服。大家在灼热的太阳里站了一个钟头之后,那小兵愤怒地咕噜了一句:"让你们在外头等着,这么热!去到那边站着。"他用下颏略指了指后面一箭之遥,有一小块荫凉的地方。

大家都不朝他看,只稍带微笑,反而更往前挤近铁丝网,仿佛唯恐遗下中间的一个。但是仍旧有那么一刹那,她觉得远离故土的惆怅像潮水冲洗上来,最后一次在身上漫过。

那条地界,从此,把张爱玲的生命分为上半场和下半场。

2007 年 11 月，张爱玲的遗嘱受益人宋以朗在一箱一箱的张爱玲资料中，发现了一篇极为珍贵的文稿——《重访边城》。让人惊喜的是，它不是英文版的翻译，而是张爱玲重新写过的中文版本。这个文本，是对历史、对当代文学题材的一个重大补白。

那是 1961 年，距张爱玲第二次到香港又过去近十年，那时她刚刚获得美国公民身份，重回香港还债。

香港，在张爱玲眼中属于边城。文字穿越时光，张爱玲用她一笔一画拘谨的字体，描述了三次居住香港的生活次第。那文字，就如初冬的一杯佛手茶，一条棉毯。张爱玲抽丝剥茧的十指，用文字写出了颜色、味道和体温。上海人总是与香港亲的。

同是边城，香港不像台湾有一水之隔，不但接壤，而且返乡探亲扫墓的来来去去络绎不绝，对大陆自然看得比较清楚。我这次分租的公寓有个大屋顶阳台，晚上空旷无人，闷来就上去走走，那么大的地方竟走得团团转。满城的霓虹灯混合成昏红的夜色，地平线外似有山外山遥遥起伏，大陆横躺在那里，听得见它的呼吸。

二房东太太是上海人，老是不好意思解释他们为什么要分租："我们都是寄包裹寄穷了呀！"

他们每月寄给她婆家娘家面条炒米咸肉，肉干笋干,砂糖酱油生油肥皂,按季寄衣服。有一种英国制即溶方块鸡汤,她婆婆狂喜地来信说它"解决了我们一天两顿饭的一切问题"。砂糖他们用热水冲了吃作为补品。她弟弟在劳改营,为了窝藏一个国特嫌犯;写信来要药片治他的腰子病与腿肿。她妹妹是个医生,派到乡下工作。"她晚上要出诊,乡下地方漆黑,又高低不平,她又怕蛇——女孩子不就是这样。"她抱歉的声口就像是说她的两个女儿占用浴室时间太长,"女孩子不就是这样"。

我正赶上看见他们一次大打包。房东太太有个亲戚要回去,一个七十来岁的老太太,可以替他们带东西。她丈夫像牛仔表演捉小牛,用麻绳套住重物,挣扎得在地板上满地滚。房东太太烤了只蛋糕,又炖了一锅红烧肉。

"锅他们也用得着。"她说。

"一锅红烧肉怎么带到上海?"我说。

"冻结实了呀。火车像冰箱一样。"

她天亮就起来送行,也要帮着拎行李通过罗湖边境的检查。第二天她一看见我就叫喊起来:"哈呀! 张小姐,差点回不来喽!"

"唉呀,怎么了?"

"吓咦呀! 先不先,东西也是太多。"她声音一低,用串通同谋的口气,"也是这位老太,她自己的东西实在多不过。整桶的火油,整箱的罐头,压成板的咸鱼装箱,衣裳被窝毯子,锅呀水壶,样样都有,够陪嫁摆满一幢房子的。关卡上的人不耐烦起来了。后来查到她皮夹子里有点零钱,人民票,还是她上趟回来带回来的,忘了人民票不许带出来的。伙唉!这就不得了了。'这是哪来的?哈?'……房东太太虎起一张孩儿面,竖起一双吊梢眼……窃窃私语道:"这位老太有好几打尼龙袜子缝在她棉袍里。"

"带去卖?"

"不是,去送礼。女人穿在长裤里。"

"——看都看不见!"

"不是长筒的。"她向她小腿上比划了一下,"送给干部太太。她总喜欢谁都送到。好能干呵,老太。她把香港拍的电影进口,给高干看的。要这么些钱干什么?哈?七十岁了,又没儿女,哈?"她笑了。(张爱玲:《重访边城》,北京十月文艺出版社 2009 年版)

这简直就是一篇短篇小说。

王家卫曾说,他的电影,都是在向张爱玲致敬。

譬如,《花样年华》本没有上海女房东这一人物。一次,在电影院里,王家卫遇见潘迪华,他们用上海话打招呼。王家卫觉得,潘迪华就是张爱玲笔下的房东太太。于是重新改写了剧本。

缘,是一种不可抗拒的力量,逃都逃不掉。

张爱玲在给宋淇夫妇的书信里,提到有个香港导演王家卫要将《半生缘》拍成电影,寄了他的作品的录像带来,"我不急于拍片,全看对方从影的绩效",末了问,"你们可听见过这个名字?"

半年后,张爱玲归天。

王家卫回应这件事:

"我和张爱玲的年代差太远了。我认为张爱玲小说是很难被拍成电影的,我很喜欢《半生缘》,但《半生缘》是拍不了的,每个读者对它都有自己的看法,就像《红楼梦》一样。对我来说,《东邪西毒》就是金庸版的《半生缘》,《花样年华》就是王家卫版的《半生缘》。"

王家卫的电影是作家电影,张爱玲的小说是纸上的电影,他们的时空都盘桓在香港和上海,他们分别用胶片和文字谋划着各自的双城记。在别处,遥望故土。

是的,在别处。

第三次来香港,张爱玲是要写电影剧本的,但因赖雅中风,只得提前返美。临走有个亲戚约了张爱玲在香港饭店见一面。晚上 7 点 30 分,在大厅里泡了红茶,叫了一碟英国蛋糕。礼节性的告别,一节课的工夫,彼此辞过。

时间还早,张爱玲想买点廉价金饰带回去送人,听说后面一条街上就有许多金铺,便散步似的走过去。

香港到处在拆建,邮筒半埋在土里也还照常收件。造出来都是灰白色大厦,用色胆怯,使人觉得建筑师与画家是老死不相往来的两族。

老房子当然是要拆。这些年源源不绝的移民快把这小岛挤塌了。这次来，张爱玲住在九龙，难得过海，怕看新的渡轮码头。从前油漆得光润的半旧枣红木质地板拆了，一条长廊伸出海中，两旁冷冷清清，张爱玲心疼本土文化的流失，因为太喜欢这个城市，兼有西湖山水的紧凑与青岛的整洁，而又是离本土最近的"唐人街"。唯其近，没有失真，不像海外的唐人街。

踏上斜坡，黑洞洞的，不见人影子。青石板山道太陡，不通车，一片死寂。张爱玲暗忖：这香港也像美国了，一到了晚上，营业区就成了死城，行人绝迹，只有汽车风驰电掣来往。

到底是中环，没有灯光，连大楼的窗户里，也不见泄漏的星星点点。她有点心慌意乱，只顾得脚下，担心一不留神，摔下去。

悄无声息地走着，只听见自己的脚步。

这不是摆绸布摊的街吗？怎的，一点痕迹都不留？

距离 1939 年在港大读书已经二十多年，她完全迷失，没有方向了，只心里往事如潮。

一个戏院的背后，四周如喧闹的鬼市。摊子实在拥挤，小车柜上竖起高高的衣杆，挂满衣料，把沿街店面全都挡住了。

她在人群里挤着，目不暇接。她只看中了一种花布，有一种红封套的玫瑰红，鲜明得如烈日一般，亮瞎了眼，圆圆的单瓣浅粉色花朵，粉红密点代表阴影。两片并蒂的黄绿色小嫩叶子，碧绿底子，或深紫底子，那种配色只有中国民间有。她想起上海，虹口的布店，英国曼彻斯特的纺织厂仿制的康熙青花瓷布料，几可乱真。她的母亲曾经喜欢一种印白竹叶的青布，用来做旗袍，一身黑。中上等妇女穿唐装的，也是用黑香云纱料，或是用夏季洋服的浅色细碎小花布。

张爱玲喜欢这种土布，曾买来做裙子。在服装上，她最是别出心裁的。

尽管与港大有过不愉快的过节，张爱玲还是回母校怀旧。那是她的青春。

校园倒还没怎么改变，不过校园后面小山上的树长高了，中间一条砖砌小径通向旧时的半山女生宿舍，比例不同了，有点"面熟的陌生"。

张爱玲不敢细看，时间的重量压得她抬不起头来，只觉得那些拔高了的小杉树还有点未成年人的伶仃相，一个个都是暗绿的池中暗绿的喷泉向白色的天上射去，咝咝哗哗地上升，在一刹那间已经把她抛下很远，成为局外人。她赶紧转身走开了。

也是经济拮据，又因为《红楼梦》剧本几经修改不得结果，第三次来香港，张爱玲借住在宋淇夫妇家里。

半山上。

杜鹃花丛中，姜黄老洋房，门前阳台上刷了漆的木柱栏杆，掩映在嫣红的花海中，配着碧海蓝天的背景，也另有一番韵味，不会太像俗艳的风景明信片。

那时，宋淇家祖孙三代，连同保姆，一大家子人，住房并不宽敞。儿子宋以朗的小房间让给了才女,十三岁的宋以朗,夜夜睡在客厅的沙发上,心里好委屈。现在那间小房间已经改成卫生间,沙发依旧摆放在原先的位置上。

少年宋以朗的屋子里,张爱玲蜗居在那里,修改电影剧本《红楼梦》,吃着隔夜面包,无日无夜。

几十年后,在美国,她还想起,窗子面朝山林,常有迷失的杜鹃鸟来啄玻璃窗。

山道上,私家车里,派对回来的名媛绅士,带着微醺的步态,按了电梯铃,电梯咣当咣当地坠下去,又咣当咣当地奋勇上升,把人间的重量拖拽进一扇柚木的门里。旋即,天地间,重归混沌。

这样的情形,如此熟悉。是1944年上海爱丁顿公寓的移位,或者是复制,那些与姑姑、母亲在一起的日子。那些日子,如今都成了岁月,偶尔,如旧影断片,丝丝拉拉,搅动着心脏,一阵阵,慢刀子割肉似的痛楚。

一个大家庭,唯一可以独享的空间便是阳台了。晚饭后,宋淇的太太邝文美来到阳台,故意延宕着莳花弄草的时间,歇息疲惫的身子和需要自由呼吸的灵魂。

张爱玲借居此地,夜半,也悄然来此想心事。

命运自有定数。日后,张爱玲把遗产托付给了这里的主人宋淇和邝文美。

邝文美的父亲邝富灼,在哥伦比亚大学师范学院获得文学硕士和教育学硕士学位。1906年夏,任广州方言学堂、两广高等学堂英文教师。1907年,在学部任职。1908年4

月，应张元济的邀请，任上海商务印书馆编辑所英文部主任。1929 年前后，因和编译所所长王云五产生矛盾而选择退休。

邝文美毕业于上海圣约翰大学文学系，曾以方馨为笔名翻译了世界名著《睡谷传说》(*The Legend of Sleepy Hollow*)。

她的姐夫（姐姐邝文英的丈夫），曾经担任过宋美龄的秘书，期间，邝文英偶尔也参与帮忙打理秘书事务。宋美龄本也邀请邝文美担当私人秘书，被她委婉地推辞了。

张爱玲曾对邝文美说："S. M. L 要你这样的 companion（实指私人秘书）而不可得，我倒可以常常同你在一起。你不情愿那样浪费时间，而情愿这样浪费时间。"

邝文美回答："我从来不觉得是浪费！"

香港半山，邝文美家中的柜子里，还锁着宋美龄送给她的礼物——一套珊瑚首饰，有耳环、手链和戒指。

民国上海，宋淇和邝文美都是文化圈中的闻人，住在江苏路安定坊的花园洋房里。傅雷租住在宋家的二楼。手痒的时候，常去宋家弹钢琴。

宋淇的父亲宋春舫，一生传奇。他是王国维的表弟，1911 年入上海圣约翰大学，1914 年留学瑞士，攻读政治经济学，并研究戏剧，精通英语、德语、拉丁语等多种语言。1916 年，宋春舫回国，受聘为北京大学文科学生讲授欧洲戏剧课程。"五四"时期在《新青年》等刊物上撰写了许多评价外国戏剧新思潮、新观念的文章。1930 年代初期起，宋春舫先后辞去了在外交部、法院和私人银行等处的职务，一心钻研戏剧。宋春舫亦爱惜有才华的人，对傅雷这样的房客，不求房租，只道是，房子空着也是空着，多一户人家，多一分人气。

张爱玲的小说《殷宝滟送花楼会》，写的是傅雷居住在宋宅时的一段婚外师生恋。张爱玲不喜欢这部作品，但文中对人物性格的刻画，说传神、入木三分亦不为过。

记得1952年底，张爱玲第二次来香港时，为谋生，去美国新闻处找工作。当时，宋淇和邝文美夫妇已在那里就职，他们给了张爱玲一个重要的机会：翻译海明威的《老人与海》。就此，张爱玲的生计有了着落。

为了省钱，张爱玲住在北角的女青年会。美丽娴雅的邝文美常陪她在女青年会的小房间里聊天，逛街，买衣料，或者拍照。有时，还煮了汤或者玉米，放在保温瓶里，下得山来，坐了公车，送到张爱玲的宿舍。很快，她们成为闺中密友。每到晚上8点钟，张爱玲便催邝文美回家。为此，张爱玲送邝文美一个雅号："8点钟的灰姑娘"。

在宋淇夫妇的关照下，张爱玲进入电影圈，靠写剧本赚钱。宋淇和邝文美惜才，为了让香港人知晓张爱玲，特地在自家安排了张爱玲与著名影星李丽华的下午茶，宴请记者报道。

但是，这些都不是张爱玲要的。香港，只是她的一个驿站。

这些年，我去香港，也总要去北角，去上海街。

一次，路过一家上海点心店，小本生意，老板自己当垆，正在锅子里煎油条，知道我是上海人，热情得不行，只是已经不会说上海话了。

1955 年秋天，张爱玲搭乘克利夫兰总统号邮轮离开香港，前往美国。到码头送行的只有宋淇夫妇。离开后，张爱玲寄出一封六页纸的长信，向宋淇夫妇诉说："别后我一路哭向房中，和上次离开香港的快乐刚巧相反，现在写到这里也还是眼泪汪汪起来。"

此后，宋淇夫妇与张爱玲一直保持联系，义务为她打理出版等事务，可说是她的文学顾问、经纪人、秘书、新闻发言人。当初夏志清计划写小说史的时候，宋淇向他推荐了张爱玲。夏志清读了张爱玲的作品十分激赏，尤其认为《金锁记》是中国自古以来最伟大的中篇小说，从此奠定了张爱玲的文学地位。

张爱玲的第二任丈夫赖雅去世后，张爱玲避世孤居，唯与宋淇夫妇保持着联系。她总是寥寥数语说自己的境况，比如掉了身份证啦，生病啦，搬家啦。她送书给他们，扉页上都签上自己的名字，写上"to Mae and Stephen"（邝文美和宋淇的英文名字）。

晚年的夜晚，张爱玲面壁，在心里只与邝文美说话，一说说到夜半。堕胎一事，她也只告诉了邝文美。而后者为张爱玲保守秘密终生。

更多的时候，张爱玲如一个无助的小女孩，依赖着宋淇夫妇。譬如做旗袍，买料子，找裁缝；做得不合适，寄回来，再改,领口几分,袖口几分,镶嵌宽边还是窄边,用缎子还是浅灰的麂皮;支票撕坏了转寄台湾重新开具,台湾的稿费换成美元,寄书寄药,寻找资料——张爱玲是连一块手帕都不会洗的大小姐,到了美国,束手无策,寸步难行,家道早已败落,唯有拿出母亲湖南人的那点勇敢去谋生。笃信天主、秉持博爱的宋淇和邝文美,成为她在这个世界唯一可以托付、可以信赖的朋友。

张爱玲写给邝文美的几封信似可印证。

1956 年 8 月 19 日,张爱玲写道:

"……买东西时,请顺便看看有没有像你白底黑花缎子对襟夹袄那样的料子,或银灰本色花的。如有雅致的花样,请你先替我买下来,我想做一件对襟棉袄,大致如那件旧的米色袄,而更肥短些。以后再画详细图样寄来,和那几件旗袍一同叫裁缝做来。"

1956 年 10 月 12 日,张爱玲写道:

"滚三道黑白边,盘黑白大花钮。如果没有你那件那么好就买淡灰本色花的,或灰白色的,同色滚边花钮。黑软缎里子。那三件旗袍通通做单的。"

1956 年 11 月 16 日,张爱玲写道:

"如果裁缝还没有做我的黑旗袍,请叫他把臀部放大,其他照旧——又,黑旗袍如还没做,请叫他改滚周身一道湖色窄边,如图。"

1957 年 3 月 24 日,张爱玲写道:

"几时你如果再来店里看见你那件鲜艳的蓝绿色绸袍

缎料,能不能求你给我买一件(短袖),买了请放在你那里,以后再做。"

在张爱玲的信里,我摘录出一些句子,展示她和邝文美之间的温情:

"事实是自从认识你以来,你的友情是我的生活的 core(核心)。我绝对没有那样的妄想,以为还会结交到像你这样的朋友,无论走到天涯海角也再没有这样的人。隔了这些年,还定只要是大段独白,永远是对 Mae 说的。以前也从来没有第二个人可以告诉。"

"世事千变万化,唯一可信任的是极少数的几个人。"

"你没空千万不要给我写信,我永远像在你旁边一样,一切都可以想象。"

"有许多小事,一搁下来就觉得不值一说了,趁有空的时候便快写下来。"

"希望你一有空就写信来,但是一年半载不写信我也不会不放心的。惦记是反正一天到晚惦记着的。"

"好久没写信,但是没有一天不至少想起你两三遍,总是忽然到脑子里来一会,一瞥即逝。"

"我真怕将来到了别的地方,再也找不到一个谈得来的人,以前不觉得,因为我对别人要求不多,只要大家能够懂我一部分我已经满足。可是自从认识你,知道这个世界上的确有人可以懂得我的每一个方面,我现在反而开始害怕。"

"不要担心我想念你——因为我总归是想念你的。"

"不得不信心灵感应——有时大家沉默，然后你说出的话正是我刚在想的。"

"但愿你的一切烦恼都是小事故。"

张爱玲和宋淇、邝文美他们仨，晚年的通信，几乎就是一部病历史。

邝文美曾回信给张爱玲说：

"我们现在的想法是两人病后余生，今后的日子全是捡来的，能活到一九九七看看固然值得，否则也无所谓，镜花水月，只要有信心，天那头有人在等我们。"

宋淇夫妇处处以张爱玲的利益为最高利益。为了解除张爱玲的燃眉之急，以人格担保，提前为其预支高额稿酬。张爱玲忘事，写信给赖雅，悲情抱怨宋淇故意拖欠稿费，以至于她写剧本受累，眼睛出血云云。

这样的事情频繁发生。

1995 年 3 月 4 日，张爱玲在给宋淇和邝文美的信里写道：

"我记性坏得会忘记《红玫瑰与白玫瑰》卖过电影版权，害 Stephen 力疾写信来告诉我，我真内疚。"

1995 年 7 月 25 日，距离张爱玲辞世一月余。

张爱玲给宋淇和邝文美写了一封长信，除了描述为了躲避跳蚤而四处逃离、顾此失彼、精疲力竭外，对自己又一次的错误记忆表示了歉意：

"以前信上说过《对照记》另签合同，像是卖断，连港版都没有，那是错怪了皇冠。"

张爱玲也在信中评点其他作家,其中不乏尖刻之词。宋淇夫妇坚守秘密,从不曾对外界有所披露。

父母过世后,宋以朗接手打理张爱玲的文学遗产。他以统计学的专业能力,将凌乱的资料分门别类,一一归档,免费翻阅。

从 2008 年起,我时常去香港拜访宋以朗先生。

香港半山的奶油色老式公寓。窗外,一串一串的蔷薇,挂在白色的墙肩上。暮春的午间,细细的风里,落红点点,大树梢头,偶尔飘来一丝淡香,是张爱玲记忆中的味道。

特地选了一瓶粉色香槟,那是邝文美喜欢的颜色。邝文美曾经不遗余力地把指甲染成粉红的,把盥洗室的浴缸、浴巾、肥皂盒、拖鞋、窗帘等,全部布置成粉红颜色。

我坐在餐桌边,把带来的法国香槟放在桌上。这张铸铁镂花餐桌,1949 年从上海运来香港。随船的还有宋以朗,那时,宋以朗才刚满月。曾经,在这张桌子上,张爱玲与宋家的人一起吃水煮玉米和绿豆汤。

宋以朗的父母——宋淇和邝文美是延续张爱玲传奇的推手;这间客厅,已然成为张爱玲的秘籍档案馆,随意检出一封信,都可能在文坛荡起一阵波澜。但是不敢问,觉得唐突和造次。宋以朗学过心理学,自然一眼看穿,他总会在我欲言又止的时候,拿出一个塑料文件夹,里面或是张爱玲没有发表的信件,或是张爱玲写了一半的手稿。记得有一次,他出示了一份《上海懒汉》的剧本提纲,零零落落的字句里,体悟出张爱玲渴望成功的强大欲望。

对于祖父的经历,宋以朗腼腆一笑道:"很复杂,讲不清楚的。"

我多次拜访江苏路宋家的老宅。推门,上楼,踮起脚,望向那个栽种过玫瑰的花园,在失修的旧墙上寻找张爱玲笔下,傅雷砸了墨水瓶后,留下的淅淅沥沥的蓝墨汁渍。特地拍照,送给宋以朗。

问起小说《色·戒》的创作。

宋以朗起身,拿出一个文件夹,是1977年4月,张爱玲给宋淇的信。信中,画了一张南京西路的方位图,平安大戏院、第一西比利亚皮货店、凯司令咖啡馆、常德路。她要把作品中的王佳芝安排在那里,然后执行暗杀任务。离开上海久远,一些认识已经模糊,把街道的方向完全弄颠倒了。

宋淇回信,也画了一张地图,纠正了张爱玲方向性的错误。建议刺杀当天,把刺杀组织的负责人安排在平安大戏院,平安大戏院里的咖啡馆叫什么名字,宋淇也认真地写在信里。

刺杀的场所安排在首饰店、钟表店,还是服装店?

宋淇和张爱玲颇费了一番思量。

宋淇提供了很多意见。一来一去的信中,探讨了王佳芝的刺杀动机,刺杀情节的安排,人物的心理活动,包括在哪一家馆子里请客吃湖南菜都一一坐实。

《色·戒》最后一句台词"不吃辣的怎么糊得出辣子",完全是宋淇的灵机一动。

其时,宋淇正胃出血,累了,写不动了,夫人邝文美接着写;宋淇写完的文章,邝文美润色、修改,使得文风更加接近张爱玲的味道。

遇到有人批评张爱玲,邝文美如同自家的小孩被欺负了一样,心急火燎,恨不能提一把剑去格斗。毕竟是好人家的淑女,懂得规矩的,隔日,在文字里兜兜转转,见招拆招,为张爱玲澄清事实。其中,《羊毛出在羊身上》一文,便是情急之下,由宋淇执笔、邝文美修改、张爱玲过目后发表的。张爱玲重回中文舞台,梅开二度,枝繁叶茂,宋淇和邝文美是大幕后的导演,有目共睹,功不可没。

1976 年 2 月 26 日,宋淇写信给张爱玲:

"於梨华来信说《星岛日报》美洲版又改变了主意,本来说副刊暂时不出,所以我就将《私语张爱玲》给了《联合时报》和《世界日报》(美国版的《联合时报》由平鑫涛主编)同时发表,香港则在《明报月刊》发表(并不是我自己想写文章,而是借此机会拿你又制造成讨论的对象)。"

宋以朗说,不了解张爱玲和宋淇、邝文美夫妇间的友谊,便很难理解她将遗产留给这对夫妇的举动。由宋以朗主编的《张爱玲私语录》呈现了他们仨至死方休的友情。

宋淇、邝文美夫妇是虔诚的基督徒,他们和张爱玲的感情,是一种生命的联系,一种坚定的信仰,始终弥漫在他们存世的那个时空,在那儿,永远都在。

那个下午,坐在宋家的餐桌上阅读张爱玲与宋淇夫妇的通信,读张爱玲之余,也读宋淇和邝文美夫妇。

后山,枝叶繁茂,五月的浓阴里,杜鹃花毫无顾忌地绽放,浓烈、妩媚,那是张爱玲喜欢的颜色。

林子里,杜鹃鸟儿高昂地鸣叫着,一声紧接着一声,有悲悯在里面。听着,不觉心头一阵阵地痛惜。

张爱玲、宋淇、邝文美,如此美好的人儿,怎么就没了呢?

"可堪孤馆闭春寒,杜鹃声里斜阳暮。"

1955 年秋天，张爱玲夹杂在一群难民中，从香港出发，乘克利夫兰总统号，驶向一片未知的大陆。船才离开码头，她的眼泪就流个不停。那眼泪无法形容，也无处安置。那眼泪又似曾相识——

那是 1947 年，她去温州探望逃亡中的胡兰成。胡兰成见到她，无久别的惊喜和落难中的依偎，却担心暴露了自己的行踪，恰又有朋友家的寡妇在旁以夫妻相称，便催迫她赶紧回去。

那一日，当她登上回上海的船，亦是泪流不止。她知道，她和他终结了。数月后，胡兰成接到张爱玲的上海来信："那天船将开时，你回岸上去了，我一人雨中撑伞在船舷边，对着滔滔黄浪，伫立涕泣久之。"

独自一人在海船上，忽然听见人声喧沸，出得舱门，只见金门大桥，在云雾之下，桥塔高擎着钢索，如一尊巨型的红色卧佛。

那一刻，她在上海的辉煌被宣布过期作废。

但是她心里是有梦的。她要在英语世界，做一个女版的林语堂。

2014 年 10 月，纽约，听张爱玲的校友、著名学者董鼎山先生讲述与张爱玲在纽约见面的情形。一年后，董老去世

辗转，她到达纽约。拜见胡适后，进入麦克道威尔文艺营。

早在 1896 年，美国作曲家爱德华·亚历山大·麦克道威尔（1860—1908 年）有一个信条，即艺术具有连贯性。对作曲家和听众来说，将多种艺术美感融为一体是重要的。作为哥伦比亚大学音乐系的奠基人，麦克道威尔一直大力鼓吹建立这样一个综合的艺术科系,但他的这一想法并未得到哥伦比亚大学的支持。为了实现梦想,1907 年,麦克道威尔和妻子在新罕布什尔州的彼得堡(Peterborough)设立了以他名字命名的艺术社团"麦克道威尔文艺营"(MacDowell Colony)。

麦克道威尔文艺营坐落在新罕布什尔州的群山密林之中,占地四百二十英亩,由四十多栋大小房舍、别墅、工作室、图书馆等建筑群构成。文艺营的设想是,赞助有才华的文学家和艺术家,暂时摆脱世俗的干扰,在宁静的环境下从事创作。

1956 年。寒冬。零下二十三摄氏度。

雪花无声地飘落着,把文艺营做成了一个童话里的城堡。

张爱玲来这里,带着强烈的成功欲望,创作她的英文小说《粉泪》。

3 月 13 日,张爱玲遇见了作家赖雅(Ferdinand Reyher)。

赖雅是德国移民的后裔,毕业于哈佛大学,年轻时就显露出耀眼的文学才华。他个性丰富多彩,知识包罗万象,谈吐才气横溢,处事豪放洒脱。他曾经如海明威一般,远离美国,在欧洲做记者,有了钱就尽情享受,心地极好,乐于无偿地帮助他人,也在好莱坞做过风头很健的编剧。结过一次婚,有一个女儿。不适应婚姻的束缚,便与女权主义者的前妻解除了婚约。在以后的岁月里,他结交过不少动人的女友,但不再愿意编织婚姻。

中年，摔断了腿，并数度中风，人生走入下坡道。

经济拮据，申请进入文艺营，过一天，算一天。

4月1日，他们并肩在营地的餐厅共享了复活节大餐。

几天后，张爱玲将已经出版的英文小说《秧歌》拿给赖雅阅读。赖雅还对张爱玲小说《粉泪》结构提出了建议。

张爱玲对年轻的男人没有感觉，只对中年以上的男人产生激情。那是女性的本质。因为女人要崇拜才快乐，男人要被崇拜才得意。遇见中年男子，就是遇见了毒药，她也总是第一个落水。

5月12日，赖雅穿着雪地鞋，轻叩张爱玲的门。这样静的夜，轻轻地叩门居然有回声。

文艺营，现世的避难所。

孤男寡女，一个潦倒，一个寂寞，没有别的选择，也没有太多的思量，赖雅张开手臂，拥抱了张爱玲，宽厚的胸膛，如同一床柔软的羽绒被，那是胡兰成没有的体魄，张爱玲在赖雅的怀抱里陷落；他们的身体被唤醒，他们循着人性的本能潜行，一个无底的深渊，一种荒原的饥渴。

六十五岁的赖雅，身体依然健硕。张爱玲顺从。此刻，她需要，她放任他的行为，她的身体已经荒芜了许多年了，她享受着赖雅巨大身躯的包裹。

赖雅以缓慢的方式，无限地拖延，手法细腻，声东击西，他是熟悉女人的路径的。终于进入，占据了她一切的白色冷淡。她温暖起来，两人之间没有了界限，她放开了她的矜持和克制。

破晓时分,她发出深深的幽远的一声呼唤,那声音,连她自己都是陌生的,肆无忌惮,毫无羞涩,充满欢愉和凯旋的意味。

赖雅把这个黄皮肤的中国贵族后裔,送到了女性生命的巅峰。

那是久违的深刻的抵达。

她记起,她二十四岁生日的那一晚,在胡兰成的床上,那亘古魅惑的经验:

"兽在幽暗的岩洞里的一线黄泉就饮,泊泊的用舌头卷起来。她是洞口倒挂着的蝙蝠,深山中藏匿的遗民,被侵犯了,被发现了,无助,无告的,有只动物在小口小口地啜着她的核心。暴露的恐怖糅合在难忍的愿望里:要他回来,马上回来——回到她的怀抱里,回到她眼底——"

片刻窒息。

只有一次,张爱玲把两个男人叠合在了一起。

男人在女人身体上刻下的记忆比情感更深刻,是刺青,难以抹去。

那一晚,张爱玲酣梦。因为有了安全感。

那一日,赖雅在日记里写:

"Went to the Shack and Shacked up."意思是,去小屋过夜。

积雪还没有化尽。他们彼此取暖,彼此成为彼此的粮票。赖雅在文艺营的期限是 5 月 14 日,期满后,他将居无定所。

张爱玲去车站送别。她给了赖雅一些现金,作为道别的礼物。赖雅很感动。大约,从来不曾有女人如此慷慨地送他现金。

张爱玲在文艺营的限期是 6 月 30 日。六个月后,她发现自己怀孕了。那时,赖雅已经离开文艺营了。

7 月 5 日,赖雅在萨拉托卡泉镇收到张爱玲的来信,信中说,她怀了他的孩子。

赖雅离婚后,三十年来,一直回避婚姻,接到张爱玲的信,一番掂掇之后,赖雅觉得,如果不与张爱玲结婚,将是不道德的。他立即写信向张爱玲求婚,并冒雨寄出了这封求爱信。

两天后,张爱玲到达小镇,他们在一家别致的餐厅用了晚餐。上甜点的时候,他们进行了认真的谈话。

张爱玲与第二任丈夫赖雅

赖雅当面向张爱玲求婚,并明确表示,不要孩子。这种近似摊牌的谈判态势,对张爱玲的尊严是伤害的。

但是,来不及多想了。谁主动,谁就更被动。张爱玲同意了赖雅的决定,并为这顿重要的晚餐付了账单。那一年,她三十六岁,他六十五岁。

那时,堕胎是违法的。

张爱玲的好友炎樱曾经对学者司马新说,1956 年间一天,张爱玲去找她,说她怀孕了,并说:"你知道我讨厌小孩。"( You know I hate children. )

炎樱愕然。因为几个星期前,1956 年 8 月 18 日,她刚刚做了张爱玲第二次婚姻的伴娘。

张爱玲道:"赖雅也不想要这个孩子。我们都没有能力来抚养孩子。"

炎樱问:"你想怎么办?"

张爱玲道:"堕胎。"

炎樱惊恐:"在美国,人工流产是非法的。"

张爱玲道:"我知道非法。你要替我想办法。"

炎樱道:"我有什么办法?我也刚来美国。"

两个人沉默着。

炎樱看不得张爱玲受委屈。第二天,她悄悄把自己的女上司约出来喝咖啡,道出了张爱玲的困境。

女上司道:"你们两个大妞儿,连这些事也不懂?避孕的方式很多呀!"

女上司迟疑半晌,终于给了一位医生的电话,再三关照,不能道出她的姓名。

炎樱将医生资料交给张爱玲后,就不再提起此事。因为太隐私了,她不想知道得太多。

纽约的冬天真冷啊!

赖雅和张爱玲借了别人的公寓。

赖雅拿着斧头道:"如果医生对你不敬,我杀了他!"

他居然还有心情开玩笑。

壁炉里的松枝溅出点点的火星子。她想起上海,住在静安寺,全城戒严,也是冬天,姑姑去朋友家了。她一个人在家里,冷得不行,便生了一个炭盆子,那个乱世——浮世的快乐比浮世的悲哀更可悲。她的欢乐里,永远夹杂着一丝心酸。

医生来了。已经四个月了,担心打不下来。万一打不下来,只能大卸八块了,也许要刮宫。

张爱玲一时乱了方寸。

医生给她注射药物的时候,她想起了中国的一部小说《歇浦潮》,那里面,也有用药引子堕胎的细节。

张爱玲躺在床上,等候那个时刻的到来。她浑身火烧火燎,烫伤了一样,难以自拔。张爱玲拿出就义的姿态,她唯一可做的事情就是祈祷了!

门楣上,啄木鸟的挂钟嘀嘀嗒嗒。张爱玲蜷缩在床上。窗外,警车呼啸而过。

一直没有动静,张爱玲担心打不下来。赖雅在对街买了一只烤鸡做晚餐,问张爱玲要不要吃一点?

张爱玲拒绝了，她觉得恶心。翻江倒海地呕吐，觉得有什么事情已经发生了。

上帝啊！出来了，是一个男孩，一双眼睛大得不合比例。就这样眼睁睁地看着母亲张爱玲。

张爱玲一向对于小孩是尊重与恐惧的。倒不是因为"后生可畏"。多半他们长大成人之后也都是很平凡的，还不如老一代也说不定。父母大都不懂得子女，而子女往往看穿了父母的为人。自我牺牲的母爱是美德，可是这种美德是兽祖先遗传下来的，家畜也同样具有——我们似乎不能引以自傲。本能的仁爱只是兽性的善。我们的精力有限，在世的时间也有限，该做的事又有那么多——凭什么我们要大量制造一批迟早要被淘汰的废物？我们自己是要死的，可是我们的种子遍布于大地。

张爱玲从来不想要孩子，她担心如果有了孩子，一定对她很坏，替她的母亲报仇。

容不得多思量，张爱玲起身下床，怀抱婴儿，恍恍惚惚，摇摇摆摆，身子薄得如一张纸，脸色惨白，如日本艺妓，来到卫生间，这么小的一个肉身，足有十英寸长，笔直地立在白瓷壁上，恐怖到极点的一瞬间，她扳动了坐便器的冲水把手，以为冲不下去的，竟在波涛汹涌中消失了。消失了——花了四百美元。

张爱玲觉得，有什么东西，在内心底层破碎了。是的，她听见了破碎的声音，那是还来不及建立起来的母爱。

张爱玲不要孩子！不要做母亲！萧红也是这样的。她们生于这世界,没有一样感情不是千疮百孔的。

《对照记》里,有一张张爱玲童年的照片,她母亲为这张照片上了颜色。

张爱玲说,"生命可以无限制地发展下去,变得更坏、更坏,比当初想象中的不堪的境界还要不堪。将生命尽情地演出,不在乎别人的掌声。我喜欢自己三岁时怀疑一切的目光"。

10月,等张爱玲基本康复后,他们选择定居在新罕布什尔州的彼得堡镇。张爱玲是城市动物,她喜欢摩登繁华的纽约,但是太贵,负担不起。

彼得堡的公寓发现蚂蚁,有洁癖的张爱玲买来杀蚁剂奋力喷杀,赖雅因此给她起了一个绰号:杀蚁刺客。

这个细节,是一个前兆。

日后,赖雅死后,张爱玲患上了严重的昆虫恐惧症。

婚姻关系中,他们俩的位置是,赖雅持家,张爱玲养家,主要的消遣便是咖啡和电影——中年人平稳素朴的日子。

浪迹天涯多年的赖雅似乎十分享受重新开始的家庭生活。

整部《诗经》，张爱玲独钟爱这句："死生契阔，与子成说；执手之手，与子偕老。"

追寻张爱玲的踪迹，2014 年秋天，我在网上预订了一家酒店，因为张爱玲的旧居就在附近——布什街 125 号 25 室。一栋"二战"前的红砖房子。

1959 年春天，张爱玲和赖雅搬入这套公寓。

张爱玲满天欢喜，系上围裙，用细细的胳膊，爬上爬下，奋力打扫，她不能忍受前任房客留下的痕迹。

为了给张爱玲一个安静的写作环境，赖雅在附近租了一个小办公室，开始了停顿许久的剧本写作。

张爱玲接受了委托，把《狄村笨伯》改写成电影，稿费为一千五百美元；通过宋淇夫妇和麦肯锡的帮助，继续为美国新闻处做翻译。

张爱玲的作息晨昏颠倒。

赖雅怜香惜玉,每天一早出门去自己的小办公室坐一坐,整理以前的文稿。中午时分,他在面包店里买了食物回到公寓,煮咖啡,做意大利面,然后唤张爱玲起床。下午,他们或去散步,或去看电影。晚上,张爱玲伏案写作。赖雅总是她的第一个读者。

1959 年 8 月 14 日,第三个结婚纪念日。他们决定庆祝。

下午,他们步行至唐人街,选购中国点心,又在意大利区买了奶酪和咖啡。回家后,他们细细地品尝中外食品,品尝婚姻生活的温馨平和。随后,他们穿上正规的服装,去看电影《桃色凶案》(*Anatomy of a Murder*)。电影散场后,他们在托尼咖啡馆以咖啡和蛋糕结束了这个纪念日。

执子之手,唤起了彼此人生的亲切和安稳。

1959 年 11 月,张爱玲收到了美国入籍通知。

这是一个复杂的过程。这个过程用了八个月。

1959 年 12 月,张爱玲收到炎樱的来信。信中告知张爱玲,《粉泪》未被出版商接受。

读此信,张爱玲当场泪崩。她的表现,如同一只雨夜被人抛弃的小猫。如此沮丧的情绪,一直延续到了圣诞节。

1960 年 7 月,张爱玲取得了美国公民身份。这是这个婚姻给她的福利。

他们外出,享用了一顿丰盛的午餐,还买了鲜花,插在客厅的花瓶里。

这一年,在张爱玲生日的那天,张爱玲要求赖雅陪她去看脱衣舞。她看得津津有味。赖雅揣测,她是为写作在寻找灵感。

在这栋公寓里,他们还招待了德国著名的剧作家布莱希特。

张爱玲在《重访边城》一书中提及在旧金山的日子。文章中说,公寓楼下就是布什街,走两个街区就是唐人街。她经常与赖雅去唐人街买豆腐、酱油,约了美国女友在小花园聊天吃甜品。有时,一个人,在广东人的馆子里喝茶发呆。

2014年9月,我在唐人街上闲逛,满街都是广东话和穿着拖鞋的老华侨,中秋了,有人在老字号饼店门前排队买月饼。

我加入了买月饼的队伍。我一再回头,在熙熙攘攘的俗世里寻找张爱玲的旧影。

9月的旧金山,到了夜里,也还是冷。

酒店卧房的壁炉前,地毯上,喝杯红酒,奶油黄的壁纸上,倒映着我的剪影,鲍威尔街上的有轨电车,叮叮当当,从我的窗下、从张爱玲的窗下驶过,身后的铁轨,如两条冰冷的银蛇弯弯曲曲。

赖雅的女儿回忆说,赖雅狂热地爱着张爱玲。

这是张爱玲最温暖的一段日子。本来,是可以执子之手,白头偕老的。可是张爱玲不甘心,她要实现她的天才梦。

《粉泪》被出版社退稿后,张爱玲意识到了她的题材不符合美国人的口味。她希望寻找新的写作资源。在她的心里,有一个故事渐露分明:张学良和赵四小姐,一个中国版的"洛丽塔"故事。她决定去台湾采访被软禁中的张学良和赵四小姐,然后去香港,创作《红楼梦》电影剧本。

瞒着赖雅,她预订了船票。

1960 年 7 月 12 日,张爱玲在美国旧金山宣誓成为美国公民。拿到美国公民身份之后,她宣布了她的行程。

赖雅是一个单纯的人。张爱玲的举动对赖雅的打击,远远超出了张爱玲的预料。赖雅觉得被抛弃了。赖雅决定搬到女儿的城市。搬家途中,赖雅中风。赖雅的身体状况至此断崖似的下滑。

管不了许多了,成功才是要义。1961 年秋天,张爱玲踏上台湾岛。她在台湾的拥趸者无数。采访张学良未果,但并不影响张爱玲的兴致。

在台湾花莲采风途中,张爱玲接到赖雅中风的消息,心中不免慌乱。待知道赖雅病情平稳,便仍按原计划去香港写电影剧本。香港的剧本创作并不顺利,甚至差点葬送了她和宋淇夫妇的友情。

雄心勃勃的启程,但是命运却很吝啬。这个行程,成为了伤心之旅。也许,她在上海,已经用完了她所有的运气。

1963 年 3 月,张爱玲根据访问台湾、香港的经历写了英文游记《重返边城》(*A Return To The Frontierer*),发表于美国杂志《报道者》(*The Reporter*),在台湾文学界,引起了极大回响。但是她准备拿来重新进军美国文坛的《少帅》，却不如愿。她越了解张学良，便越是不喜欢这个人，连同赵四小姐，她亦是不喜。笔涩，如同上海的黄梅天气，她不得不放弃了。

哀乐中年，波士顿的怨女

张爱玲和赖雅，结婚后维持着最低限度的生活。张爱玲对左翼思想毫无兴趣，赖雅却是激进的社会主义者。两人的共同点只有一个：都没有固定收入。他们经济拮据到连买床单窗帘都成了奢望，但他们却始终相依为命，一直持续到1967年赖雅去世。赖雅瘫痪在床时，各种生理失禁，张爱玲努力伺候。那个患有严重洁癖的贵族小姐已经不复存在。

为了照顾赖雅，张爱玲心属的创作锐减。

英文作品无处发表。

她开始寻求学院的研究经费。

1967年4月，张爱玲以翻译晚清小说《海上花列传》的项目，获得美国马萨诸塞州剑桥瑞德克里夫女子学院驻校作家的位置。她带着瘫痪的赖雅一同上路。

到剑桥后,他们住在布拉图街 83 号 45 室,署名爱玲·张·赖雅。

不远处是诗人朗费罗的故居。

同年 10 月 8 日,赖雅去世,享年七十六岁。


时隔四十八年,也是 10 月,我从新奥尔良机场出发,去波士顿。

中午时分到达波士顿机场。

哈佛大学中国中心的副主任宗蔚冰女士早已等候多时了。

草草吃了汉堡,便驱车去哈佛大学。

哈佛大学,关于张爱玲的档案如斯:

"赖雅太太 1941 年在港大的教育被战事中断,从此译述不断,有两个短篇小说集和散文等无数中文作品,《赤地之恋》及《秧歌》两部英文小说完成于 1955 年,现致力英译 19 世纪的《海上花列传》,她与她的作家先生赖雅居于剑桥。"

这一年,她的英文版《北地胭脂》在英国出版,反响不佳。从投稿到最终出版,期间隔了十年。十年一觉,张爱玲从喧哗已归于平淡。

张爱玲没有大学文凭。在美国,靠写作难以维持生计。先后在几所大学任职,因不善交际也不善做研究,都以离职而收场。张爱玲数度在信中提到自己和周围同事相处得并不融洽的状况。

1969 年 1 月 3 日,她在信中告诉夏志清教授在学院的情形:"我又不太会做人,接触虽少,已经是非很多,不但不给介绍什么教授,即使有人问及也代回掉,说我忙。"

1969 年 4 月 1 日她只宣读了一篇《中国翻译作为文化影响的桥梁》为题的英文论文,并未交出英译稿《海上花列传》。

张爱玲在《天才梦》一文自剖:"在待人接物方面,显露惊人的愚笨。"鹿桥教授则认为她是把握了见与不见的尺度与时机。

赖雅过世不久,1968 年 7 月,一个有雨的夜晚,向来不轻易见人的张爱玲,接受了台湾记者殷允芃的访问。我猜,这是她生命的一个安排——她要有一个新的开始。1947年,在上海,她与胡兰成离婚之后,很少出世的她,也是四处运作,有过一番非同寻常的举动。

那天晚上,雨势稍歇。

殷允芃和同伴王青云撑着伞,心中惴惴然,因为"张爱玲是向来不轻易见人的"。

进得门,但见起居室,一个小小的书架,摆着半壁英文书,右边一本《红楼梦》,窗旁的书桌上,散乱着剪报,亦是一本翻开的《红楼梦》,一张所得税的表格。

张爱玲说:"我喜欢纽约,大都市,因为像上海。郊外的风景使我觉得凄哀。坐在车上,行过旷野,渺无人烟,给我的感触也是一种荒凉。我还是喜欢走在人多的地方。"

她认为人生的结局总是一个悲剧，但有了生命，就要活下去。人生，是在追求一种满足，虽然往往是乐不抵苦的。

写作对于张爱玲或许也就是一种满足。

她对两个仰慕她的女生说："只要我活着，就要不停地写，我写得很慢。写的时候，全心全意地浸在里面，像个怀胎的妇人，走到哪儿就带到哪儿。即使不去想它，它也还在那里。但是写完后，我就不大留意了。"

十三岁时，在教会学校的图书馆，张爱玲从书架上取下一本萧伯纳，从此接触到西洋文学。

世界时时刻刻在改变，人的看法也随时会变。因而她的小说，只有在刚完成时，她才觉得满意，过久了，再看看，就又不喜欢了。

"以前在上海时，"她笑着回忆，"每写完一篇小说，我总兴高采烈地告诉炎樱（她的锡兰女友）这篇最好。其实她又是看不懂中文的，听我说着，总觉得奇怪——怎么这篇又是最好的啊？"

一个作家，如果一味模仿自己早期成名时的作品，是件很悲哀的事。譬如海明威的晚年作品，她说，漫画似的，竟像是对以前的一种讽刺。

她认为写小说最重要的是要对所写的事物有了真感情，然后才下笔写。她对一般所谓的研究工作，不太有信心，也多少是因隔了一层，较难引起作者自发的情感。写《秧歌》前，她曾在乡下住了三四个月。那时是冬天。"这也是我的胆子小，写的时候就担心着，如果故事发展到了春天可要怎么写啊?"

《秧歌》的故事,在冬天就结束了。

许多人都认为纯小说已经消失了。

现代的小说或是趋向于平白直叙的历史记录,或是抽象难懂的诗。她认为,如果可能的话,小说应避免过分的晦涩和抽象。作者应该尽一份努力,使读者明白他所要表现的。而且一个小说的故事性,也仍然需要保留。

"好的作品是深入而浅出的,"她说,"使人在有兴趣地往下看时,自然而然地要停下来深思。"

她说她看书没有一定的系统或计划,唯一的标准,是要能把她带入一个新的境界,见识新的事物或环境。因而她的阅读范围很广,无论是劳伦斯、亨利·詹姆斯、老舍或张恨水,只要能引起她兴趣的,她都一视同仁地看,没有兴趣的,即使是公认的巨著,她也不去勉强。

她坦然说:"像一些通俗的、感伤的社会言情小说,我也喜欢看的。"她最近的小说《半生缘》,就是她在看了许多张恨水的小说后的产物。像是还债似的,觉得写出来一吐为快。"但是我写《半生缘》的时候也很认真,我写不来游戏文章,就算当时写得高兴,写完后就觉得不对,又得改。"

"我是孤独惯了的。"

她说:"以前在大学里的时候,同学们常会说——我们听不懂你在说些什么。我也不在乎。我觉得如果必须要讲,还是要讲出来的。我和一般人不太一样,但是我也不一定要要求和别人一样。"

"我常常觉得我像是一个岛。"说着,她习惯性地微扬着头。斜斜地看去,额上映出的单纯与平静,仿佛使人觉得,她是在岁月之外的,她是最最自由的人。

那天,她穿一件无袖的宝蓝短旗袍。

她的语态,缓慢优雅,若有所思。

她自己说她的动作是很笨拙的。可是她起身时,会小心地整理下摆,行动起来风韵绰约。

说话间,她热心地走出走进,为两个女生张罗茶点。煮了浓咖啡,搬出核桃甜饼、花生米,还上了两杯白葡萄酒,可是却找不到咖啡勺。

她抱歉道:"真对不起,汤匙都还放在箱子里没打开。反正也在这儿住不长久的,搬来搬去,嫌麻烦。"

那时她在剑桥已经住了快半年。《海上花列传》已经翻译完了二十回,约全书的三分之一。

她认为,以现代的眼光来看,《海上花列传》也仍然是一部很好的中国小说。那是第一部用上海话写成的小说,出版于1894年。但她也不确定,西方读者们是否能接受这本曾经两度被中国读者摒弃的书。

"可是,"她加了一句,"做哪一件事不是冒险的呢?"

她也正在写着一篇有关《红楼梦》的文章,同时她还打算把十年前就已开始着手的一个长篇,重新整理一番,继续写完。

后来,这个关于《红楼梦》文章写成了一本书——《红楼梦魇》,那个长篇很可能就是自传体英文小说《易经》。

遇到对的人,她健谈,滔滔不绝,天南地北。

出得张爱玲的公寓,已是午夜。两个女孩子激动得不行,因为见到了女神。她们一路跑着跳着赶上了最后一班开往波士顿市中心的地铁。

2014 年 9 月 23 日的黄昏,我披着羊毛围巾,穿着在圣路易斯买的跑步鞋,经过哈佛大学法学院的草地,经过百年橡树,站在马路这边,单只是看见矮墙上的那块刻有瑞德克里夫女子学院的铭牌,便已狂喜不已,碎步小跑过去,先就站在院门口拍照,有一种担心失去的不安。

学院里清一色英国建筑,清水红砖里镶嵌着白色的线条。小小的院落,修了一个喷泉,四周安置着长椅,很容易令人想起《小妇人》这类书的场景。引路的宗蔚冰女士,长着一副小巧玲珑的身材和五官,她顺势往长椅上一靠说,张爱玲很幸运,她走了没多久,瑞德克里夫女子学院就跟哈佛大学合并了,没有了。

1967 年 10 月 8 日,张爱玲到马萨诸塞州剑桥才几个月,就为赖雅送终。年薪也由五千美元减少为三千美元。1968 年 8 月底,张爱玲从 45 室搬到"同宅较小的"43 室。所谓"一间房的公寓",可能是为了节省开支。

无法揣度张爱玲是如何面对这样悲伤、手足无措的时刻的。

当然,她说过,她是孤独惯了的。

我四下里张望,似乎要找出赖雅和张爱玲在这个院子

1967 年 10 月 8 日，在瑞德克里夫女子学院，张爱玲为第二任丈夫赖雅送终。年薪也由五千美元减为三千美元

的蛛丝马迹——她会把赖雅葬在橡树下面，还是把他藏在一个中国的青花瓷瓶里？

赖雅死后，张爱玲拍过一张照片。齐耳的短发，光洁的额头，一缕碎发垂在颈背。

那一年，她四十七岁，急景凋年，一连串的蒙太奇。

岁月如杀猪刀，刀刀见痕，毫不手软。

但她用一抿嘴的浅笑，挽住了荒芜。

张爱玲小说中已早有预言："人生是残酷的。看到我们缩小又缩小的，怯怯的愿望，我总觉得有无限的惨伤。"

暮霭四合，刚下过雨，小径上湿漉漉的。这个美丽优雅的小院子里，满目都是她的孤独。

起身，去哈佛燕京图书馆。

在一排书架里，看见了我的书《她的城——张爱玲地图》，封面上，张爱玲旗袍红唇标准照，一如张曼玉在电影

《花样年华》的淑女气质。

1968 年深秋，也是哈佛燕京图书馆的底楼——古典小说的书架旁，张爱玲与中国古典小说研究专家、曾任哈佛东亚系系主任、哈佛燕京学社第五任社长的韩南教授（Patrick D. Hanan）不期而遇。在说到《红楼梦》时，两人都有高山流水之感，相谈甚欢。

她说很有兴趣阅读韩南的《金瓶梅探源》。他们也谈起她翻译的《海上花列传》。张爱玲说："《海上花列传》真是好！像《红楼梦》一样好！"就这样，他们倚在书架旁半叙半咏，兴致盎然，不觉已是黄昏。

韩南邀她给《哈佛亚洲研究学报》（*Harvard Journal of Asiatic Studies*）写论文，她竟写成一本文学评论集子《红楼梦魇》，一本书代替了论文。她后来几次找韩南写介绍信，大概是应征大学的职位。

1969 年春，素来幽居的张爱玲，邀请韩南和太太到剑桥布拉图街 83 号 43 室——她的公寓吃饭。席间张爱玲赠送了《怨女》的英文版和《北地胭脂》（*The Rouge of the North*）。

灯下，张爱玲从母亲的箱底选了一个绣花荷包，赠与韩南夫人。那是李鸿章女儿——她祖母的家传之物：双面金丝线的底子，重重叠叠的花卉中，一只红冠白羽的雄鸡，闲庭信步。

韩南说，那个春天他们都很忙，等到打算回请张爱玲时，她已离去。

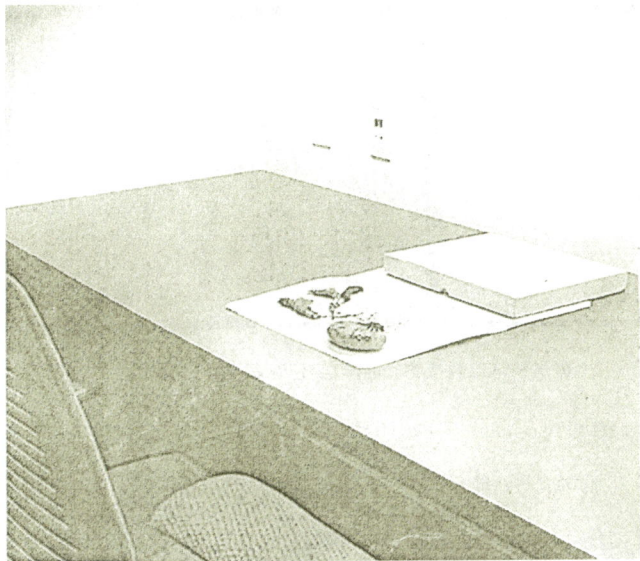

李鸿章的女儿、张爱玲祖母留下来的绣花荷包，金线织锦，重重叠叠的花卉中，一只红冠雄鸡闲庭信步。现珍藏于加州大学伯克利分校图书馆

1967年1月间，张爱玲写信给庄信正道："我趁这时候借书方便，写几篇红楼梦考证。"

1977年，《红楼梦魇》出版，张爱玲特地寄给韩南教授。

2005年夏和2006年春，韩南来到燕京图书馆，将张爱玲的绣花荷包和有她手迹的珍本书《北地胭脂》《红楼梦魇》等交给学者张凤女士。托请她为这些珍贵的物件找一个好去处。

如此郑重其事的委托，张凤不知如何是好，生怕闪失贻误。多方咨询，几番思量后，加州大学伯克利分校东亚图书馆周欣平馆长决定永久珍藏李鸿章家族的绣花荷包；哈佛燕京图书馆珍藏张爱玲签名且亲笔订正过的《北地胭脂》和

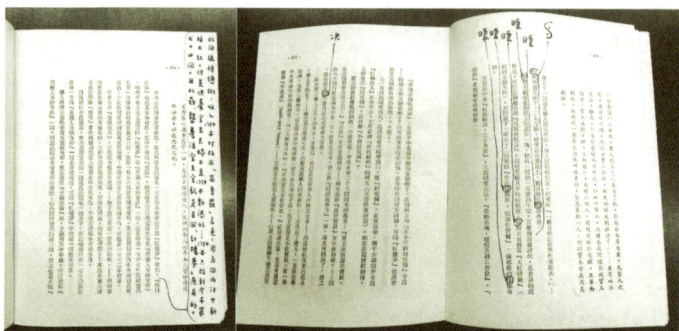

赠送给韩南教授的签名本里，留存着张爱玲批改的手迹

《红楼梦魇》。

2014年9月24日，宗小姐放下手里的工作，陪我去盛产文化巨人和怪人的康科德镇。

这个小镇上，居住着思想家、文学家爱默生，哲学家、诗人梭罗，《小妇人》的作者奥尔科特，《红字》的作者霍桑。

车子开出哈佛，公路两边的树叶开始泛出秋意的红色，只是十分迟疑，有一种半推半就的态度。

层林尽染，动人心魄。

一栋白色的小楼，路旁高高的一块牌子，署名爱默生故居。

站在门口的小径上，一种抵达彼岸的欣喜。

1995年9月15日，新加坡璧山区，我居住的公寓楼下，一个小书店里，买了张爱玲翻译的《爱默生选集》。

随后，我去美国大使馆签证。

签证官看了我的资料，进去倒了一杯咖啡出来，在我的护照上盖了一个黑色的拒签的印章。

我等了十九年。等与张爱玲、与爱默生相遇的一刻。这本《爱默生选集》，从新加坡跟随我回到上海，随后我几次搬家，遗落了许多东西，包括珠宝、港币、美元，但是这本书始终在我的身边。张爱玲在翻译这本书的时候，还不曾来过这里，但她已用文字与这位伟大的学者交往过了。

从 1834 年起，爱默生就一直住在康科德。

子承父业，他在波士顿当牧师，用微薄的收入在小镇通往波士顿的公路边买了这栋房子，房子里充满了清教徒简朴、一丝不苟的气息。

我跟从讲解员默默地穿行在一个一个的房间里。

不许喧哗，不许拍照，时刻小心脚下腐朽的地板。

墙上有一张妇人的肖像，那是爱默生的第二任妻子，她活得很长久。但是在爱默生的日记里，关于她，只有一行字。

书房的窗下，放了一架琴，如同一首古老的歌谣。

波士顿上流社会视爱默生为异端。剑桥的神学家们则说他是泛神论者和日尔曼式的神秘论者，说他的风格类似"新柏拉图的月光"。这里的"月光"，在英语里指的是废话、大话。

他常进城讲学。门口挂着他的帽子和披风。

在世人眼里，爱默生是美国思想与文学的"独立宣言"。他放弃了一切机会，割舍了唾手可得的名利，不追逐世俗蝇营狗苟的东西。他有他的追求，那就是他认为的世间美好的东西。这种追求出自本能，有其内在的逻辑，不足为外人所道。在这一点上，他与张爱玲的精神同构。尽管张爱玲在翻译爱默生时,有几分不情愿。张爱玲在友人的信里说,为了生存,即使给她一份菜单,也是会把它翻译出来的。

我在这栋白色的小楼里徘徊,在楼梯的每一个转角,在每一本书里,每一张照片的背后,探寻另一个人的名字:张爱玲。

这栋楼里,还有一个人的气息,那就是梭罗。

1845 年 3 月底,梭罗向爱默生借了一柄斧头,来到瓦尔登湖边的森林里,在爱默生的领地里,选了一个距离瓦尔登湖最近的山坡,砍伐高耸入云的壮年白松,建造了一座小房子,在那里,以一种与时代极端不合作的态度,尝试着几近原始人的生活,并且开始写日记。这些日记日后构成了著名的《瓦尔登湖》。

瓦尔登湖,爱默生,梭罗,张爱玲

梭罗的日记曾写道:

"为了独处,我发现有必要逃避现有的一切——我逃避我自己。我怎么能在罗马皇帝装满镜子的居室里独处呢？我要找一个阁楼。一定不要去打搅那里的蜘蛛，根本不用打扫地板，也不用归置里面的破烂东西。"

这几乎是梭罗四十四年短暂生命的自我画像，也是张爱玲晚年的生活肖像，文字中的"独处""阁楼""蜘蛛"等词语，充满精神层面上的意向，与张爱玲的孤岛、阁楼疯女人、虫患一一对应，在精神上丝丝契合。日后，张爱玲的状态，是对梭罗极大的模仿。

在康科德小镇逗留了一个下午，肺部吸满了历史的尘埃，我们决定去城里吃饭。

车开得很慢，继续着张爱玲的路线。

1957 的 7 月，赖雅夫妇在波士顿的派克饭店（Parker House）住了五天。他们在哈佛大学图书馆做了一些研究工作，访问了赖雅的亲戚，在百货商店选购生活用品譬如咖啡、腌肉、鸡蛋，在著名的饭馆里品尝殖民风格的美味。张爱玲很愉快。她喜欢大城市，寂寞寒冷的小镇使她的骨头都要发霉了。

昔我往矣，

杨柳依依。

今我来思，

雨雪霏霏。

——《诗经·小雅·采薇》

张爱玲也知道自己谋生条件之不足。

她写信给夏志清说："我并不光是为了没有学位而心虚，不幸教书的不仅是书的事，还有对人的方面，像我即使得上几个博士衔也没用。"

张爱玲还说："我找点小事做，城乡不计。"

姿态已经放得很低。

通过夏志清等朋友的一番运筹,1969 年,张爱玲找到了一份虽然不一定适合她性情与兴趣但绝对是她可以胜任的工作:加州大学伯克利分校中国研究中心的研究员。她的顶头上司是中国文学教授陈世骧。

陈世骧是夏志清的旧识,毕业于北京大学,早在 1949 年前就落户美国,在加州大学的中国研究中心享有"元老"的地位。他的专业是中国古典文学,著作不多,又无博士学位,但人脉极广,很"吃得开"。

1950 年代底,夏志清的哥哥夏济安在美国作"交换学者",期满后决定不回台湾。他当时是台湾大学外文系的名教授,到了美国,没有博士学位的他,也曾历尽艰辛。

陈世骧在中国研究中心为夏济安找到了避难所。他在中心的研究工作,就是以大陆报刊(或参考数据)中新出现的名词术语做基础,然后就此引申、解码。夏济安接了这份差事,为稻粱谋,结结实实地写了多篇"解码"文章。

1965 年 2 月 23 日,夏济安在伯克利中风逝世后,庄信正博士补上了空缺。再后来,庄信正谋到新的职位后,提议了张爱玲。

陈世骧教授亲自给张爱玲发函,请她担任高级研究员。

张爱玲从波士顿回到阔别十年的旧金山。

再回旧金山,孤身一人,身边已经没有了赖雅。

此番,张爱玲接受的研究任务,是对"中共'文革'术语"进行意义解析。

尽管在迈阿密和波士顿,张爱玲因为不懂人情世故,过得并不愉快，但到了旧金山，张爱玲照样还是我行我素。她从不按时去上班，往往是下午或黄昏才去研究中心，同事下班了以后，她就一个人在办公室熬夜。同事们难得见到她一面，也不知道她究竟在做什么，只能看见在幽暗的走廊里，她的身影闪过，惊鸿一瞥。

离群索居已经成了她的标签。

加州大学伯克利分校，张爱玲旧居卧室

一天，陈世骧在家中宴请张爱玲，特地请了几位晚辈学生陪同。那天，张爱玲和陈世骧同坐在沙发上，陈世骧滔滔不绝，张爱玲却很少说话，声音又小，好像在自语。无论是听人讲话，还是自己说话，都是眼睛朝上看着。她只和陈世骧说话，偶尔应一声陈夫人的招呼，对其他人一概不理——

在旁观者看来,她只是活在自己的世界里。

去过陈世骧家两次后,张爱玲就不再去应酬,任陈氏夫妇怎么邀请,她都婉言拒绝。陈世骧也只好偶尔以电话问候。

在办公室,张爱玲很少发出声响,在与不在,几乎没有区别。她与外界的联系大多通过笔纸进行,连电话都很少打。她的助手陈少聪说,每过几个星期,自己会将一叠资料卡用橡皮筋扣好,趁张爱玲不在的时候,放在她的桌上,上面加小字条。

为了体恤她的习惯,陈少聪还采取了一个新的对策:每天张爱玲到达之时,陈少聪便避开,去图书室或找人聊天,直到确定张爱玲已经稳妥地进入了她的孤独王国之后,才回到自己的座位上。

一次,张爱玲患感冒,请了假。陈少聪打了几次电话去问候,又跑去中药房配了几服草药给她送去。为了不打扰她,摁了几下门铃,把药包放在门口就走了。

几天后,张爱玲来上班了,什么话也没说。但陈少聪却忽然发现,自己桌上有一张小纸条,只写着"谢谢"两字,压在一瓶新买的"香奈儿五号"香水下面。

事实上,她和她只隔着一扇挡板。

张爱玲坚定地保持着静默。

回忆起与张爱玲共事的一年多时间,陈少聪说,有一道河,从中间流过。

待人处事如此,倒也罢了,大家见多也就不怪。可是,在工作上与"老板"产生分歧,问题就有些严重了。

她在"中心"工作,一开始就不顺利。人际关系,处处碰壁。她负责找新名词,偏偏那两年情形特殊,就是没有新名词。张爱玲只好写了篇讲"文革"定义的改变,追溯到报刊背景改变,最后附了两页名词。

这篇报告,陈世骧给了"中心"专代改英文的杰克(Jack Service)和一位女经济学家看,此外还有英文教授南森(Nathan)。他们看了,都说看不懂。张爱玲拿回去通篇改写后,陈教授仍说看不懂。

据夏志清回忆,陈世骧看到她递交的研究报告,"所集词语太少,极为失望"。

两人因此起了争执。

张爱玲在给夏志清的信里,描述了她和陈世骧的争执。

> 我(指张爱玲)笑着说:"加上提纲、结论,一句话读八遍还不懂,我简直不能相信。"
>
> 他(陈世骧)生了气说:"那是说我不懂啰?"
>
> 我说:"我是说我不能想象您不懂。"
>
> 他这才笑着说:"你不知道,一句话说八遍,反而把人绕糊涂了。"
>
> 我知道他没再给人看,就说:"要是找人看,我觉得还是找 Johnson(主任),因为中心就这一个专家。"
>
> 他又好气又好笑地说:"我就是专家!"
>
> 我说:"我不过是看过 Johnson 写的关于'文革'的

东西,没看过 Service 写的,也没听他说过。"

　　他沉默了一会,仿佛以为我是讲他没写过关于中共的东西,立刻草草结束了谈话,其实我根本没想到,是逼急了口不择言。他表示第一句就不清楚,我也改了寄去,也不提,坚持只要那两页名词,多引上下句,以充篇幅,随即被解雇。(夏志清:《张爱玲给我的信件》,联合文学出版社 2013 年版)

这就是著名的"词语事件"。

从以上的对话,我们可以体会张爱玲真的是不会说话,也不会做人,社交能力处于幼稚低级状态。

夏志清在这封信的"按语"中说,1969 年 8 月 26 日,陈世骧写了一封祝贺他新婚的毛笔信,其中有一句"张爱玲女士已到此月余,颇觉相得"。由此可见陈教授对张小姐并无"宿怨",也无先天"敌意"。

笔者想起电影《时间神偷》:一个孩子,家里穷,从来没有一个人独享过一个完整的月饼。为了能够独食,他瞒着父母去交会费,被父亲毒打;为了讨生病的哥哥开心,他去偷供品,又被父亲毒打;哥哥病危,父母赶去医院,而他关心的是包子买一个还是两个,因为买两个可以打折。小孩子的逻辑,大人哪里懂得,也懒得去懂。张爱玲就是这个小孩子,一身的"公主病",她没有来得及长大,便赤裸裸地站在世界面前了。她的孩子一般的做人逻辑自然处处碰壁,且碰得头破血流,但是依然不明白,只觉得委屈,给夏公和庄信正写了长长的信去诉苦、表白、乞怜。

张爱玲喜欢翻阅命书。

有人曾批阅过张爱玲的生辰：辛日生的人尽管外表柔弱，内在却暗含坚硬，很擅长带刺的嘲讽，多是毒舌家。由于阴气之故，易造成偏颇的个性，但偶尔也会采取断然的行动，一旦这种行动力表现得过强时，会成为"气魄"型的人物。

于是，笔者眼前出现一个画面：一个孤独的孩子，人世间不能理解她的样子，她提着一盏破碎的灯笼，不变的初心，不变的笨拙，银白的月亮底下，风吹来，心事化进尘缘中，无人听见，夜已深，她不知道躲避，还独自伫立在寒露中。

造物主让她成为文学天才，也让她在人世间受苦。

夏志清教授的"按语"又说："假如世骧并无恶意地叫爱玲去编一本 glossary，她多看报刊之后，发现了那年的'名词荒'，大可征求他的同意去改写一个题目的。只要她同世骧、美真兄嫂保持友善关系，什么事情都可以商量的，何况只是一个题目？……但世骧专治中国古代文学与文学理论，张爱玲的作品可能未加细读。作为一个主管人，他只看到她行为之怪癖，而不能用欣赏她的文学天才和成就去包涵她的失礼和失职。在世骧看来，她来中心两年，并未在行动上对他表示一点感激和敬意；在研究中共词语这方面，也可能从未向他请教过，只一人在瞎摸！最后写的报告，他也看不懂，glossary 只有两页，还要语言顶撞！迁怒之下，陈教

授把她'解雇'了。世骧对爱玲不满意,曾在我面前表示过。"(夏志清:《张爱玲给我的信件》)

"按语"的开头还有关键性的话:"中心里的主管和研究员都真是中国通。爱玲的一举一动,极受他们的注意。她日里不上班,早已遭人物议。一旦解雇,消息传遍美国,对她极为不利,好像大作家连一篇学术报告都不会写。"

这是张爱玲"在美国奋斗十六年遭受的最大打击"。

曾经,张爱玲的文学才华,拯救不了她的婚姻,同样,也拯救不了她的学术生涯。

一个不知世故的贵族女子,活在坚硬的现实里,是何其的不易!

1966 年夏天,学者刘绍铭在印第安纳大学一个学术会议上,与张爱玲有过一面之缘。他和两位学兄胡耀恒和庄信正一起到旅馆去看望她。那时,张爱玲还得照顾瘫痪在床的丈夫赖雅,又无固定收入,所以叮嘱三个男士代她谋小差事。

刘绍铭将张爱玲介绍给他在迈阿密大学的"旧老板",让她在大学当"驻校作家",每月可拿千元的薪水。

1966 年 9 月 20 日她给刘绍铭的信上说:"病倒了,但精神还可支撑赴校长为我而设的晚宴。我无法推辞,去了,结果也糟透了。我真的很容易开罪人。要是面对的是一大伙人,那更糟。这正是我害怕的,把你为我在这建立的友谊一笔勾销。"

后来迈阿密的旧同事来信说,校长的晚宴,张小姐熬夜

（overslept），竟然睡过了头。"驻校作家"本有工作时间（office hours）给学生的，她也难得见人。关系搞得不好，一年过后就没有续约。

张爱玲的母亲说："我懊悔从前小心看护你的伤寒症，我宁愿看你死，不愿看你活着使你自己处处受痛苦。"

多么痛彻心肺！

1971 年 4 月，张爱玲接到了加州大学伯克利分校中国研究中心的书面通知：她的工作到 6 月底结束。张爱玲不愿意接受这样的结局。她执意要完成委托的论文。岂料1971 年 5 月 23 日，陈世骧心脏病猝死，文章交付的对象消失了，张爱玲失去了证明自己的机会。

张爱玲执拗，一直保存着论文，希望能够有人读到它们，并给出公道的评价。论文分为两个部分：《"文革"的结束》和《知青下放》。

1992 年 2 月 25 日，张爱玲在给宋淇的信里说："如果我的钱有剩……用在我的作品上，例如请高手译，没出版的出版，如关于林彪的一篇英文，虽然早已明日黄花。"

这些论文能否出版，是张爱玲遗嘱受益人宋以朗的工作了。

丢掉了工作的张爱玲，很受伤。

可是，日子还是要过下去的。

她的贵族血液再一次给了她力量。

她改变了初心。

她不再希冀在美国文坛出人头地，她试图重回中文文坛。大约,只有中国人才懂她的文字。

于是,她再次破例,接受了台湾作家水晶的访问。

在这个时候,接受采访,自是出于一番实际的考量。

1971 年 6 月 10 日,张爱玲写信给夏志清,交代"词语事件"的前因后果后,道:"但是无论怎样不让它影响情绪,健康很受影响,预备找水晶来……"

接受水晶采访,是给自己备一条后路。学院生涯显然不适合,还是退回公寓做宅女,靠中文写作过日子。

水晶是幸运的,没有早一步,也没有晚一步,正好在张爱玲难捱的时刻,准备人生掉头的时候出现了。

就这样,他见到了张爱玲。

为这次访问,张爱玲亦作了精心准备。

透过水晶的笔,世人再次见到了张爱玲。

水晶说,她当然很瘦。

她一天只吃半个英国蛋糕。以前喜欢吃鱼,因为怕血管硬化,遵医嘱连鱼也不吃了。于是成了如今最时尚的骨感女子。

张爱玲的瘦很多人写过,尤其是两条胳臂,借用杜甫的诗是"清辉玉臂寒"。她的脸庞却很大,保持了胡兰成所写的"白描的牡丹花"的底子。眼睛也大,"清炯炯的,满溢着颤抖的灵魂,像是《魂归离恨天》的作者艾米莉·勃朗特"。

她微扬着脸,穿着高领青莲色旗袍,斜着身子坐在沙发上,头发是"五凤翻飞"的式样。

因为知道水晶订婚了,她预备了一份礼物:一瓶八盎司重的香奈尔五号香水。她偏爱这个牌子的香水。

她殷勤问水晶要不要喝点酒，是喜欢味美思，还是波旁酒，因为一个人在家里，总得预备一点酒，她说。

水晶说不会喝酒，她便去开了一罐可口可乐。

她也还是不会做家务，开一个罐头，很费力的样子，令人担心会扎破了手。

因为是在家里，话题很是散漫。

她说，她还有一个笔名，叫梁京。梁山伯的梁，京城的京。

《十八春》(《半生缘》的前身)初次问世的时候，便是用的这个笔名。那时，那样的历史氛围里，她用沦陷期的盛名"张爱玲"，已无法发表作品了。

当年，《十八春》在上海《亦报》连载，引起一阵轰动。读者一期一期追着看，有人还把文章剪下来装订成册。

一位年轻女子，从报社里探悉了她的地址，寻到她居住的公寓里来，倚门大哭，声言自己跟曼桢有着同样遭遇。张爱玲手足无措，幸好姑姑下楼去，一番安慰开导，才将那女子劝走了。

她喜欢看章回小说，她的小说，跳过"五四"文化，接续传统白话小说《红楼梦》《金瓶梅》。

她说她看《歇浦潮》是在童年。

"圆光"那一段，似是顺着下意识滑进《怨女》书中去的，因为写《怨女》时，手边并没有《歇浦潮》作参考。她还记得书中写得最好的是贾少奶、贾琢渠、倪俊人的姨太太无双。

她起身，走到厨房里，替自己泡了一杯速溶咖啡，用茶匙搅动着，搅得很细。又替水晶端了一杯来。她说一向喜欢喝茶，不过在美国买不到好茶叶，只有改喝咖啡。

她喝咖啡的姿态，很像亨利·詹姆斯一本名叫《波司登人》的小说封面，戴着手套的贵妇，规矩端坐，托着茶碟，杯底向人，那种优雅。

她抱歉似的道："我是晨昏颠倒的。这习惯养成很久了。"

她是和月亮同进退的人，难怪她小说里有关月亮的意象特别多，亦别有深意。

从《歇浦潮》，很自然地谈到了《海上花列传》。

她说，像《红楼梦》有头没有尾，《海上花列传》中间烂掉一块，都算是缺点。

童年，张爱玲随父亲去妓院。父亲曾有一位姨太太就是堂子里的人，时常在家里摆堂会，来客大多也是青楼女子。她认为，《海上花列传》里，从李漱芳母女开堂子的作风，可能会产生出沅芳这样的雏妓来。这也是《海上花列传》的主旨之一，是描绘形形色色的妓女，并不仅限于暴露人性的黑暗面，像《歇浦潮》那样。

她很健谈。

说到酣畅处，亦有手势比画，但依旧有习惯性的克制，那是教养。

随后谈起她自己的作品。早年的东西，都不大记得了，

《半生缘》最近重印过一次，记忆还算新；《倾城之恋》并没有觉察到"神话结构"这一点。她是反高潮的，追求平淡和自然。

水晶说，她每篇小说的意象，安排得好，和整个故事的结构、人物都有关系，有时是嘲弄，有时是一种暗示性的"道德批判"，很少有人能够将意象的功效，发挥得像她这般精妙的。《第一炉香》里，薇龙的姑妈梁太太一出场的时候，面纱上爬着一粒绿宝石蜘蛛，后来薇龙进入宅第后，"一抬眼望见钢琴上面，有一棵仙人掌，正是含苞欲放，那苍绿的厚叶子，四下里探着头，像一窠青蛇；那枝头的一捻红，便像吐出的蛇信子"。还有园游会过后，薇龙陪同姑妈一同进餐，因为彼此找到了新的男朋友，心里欢喜，嘴里说不出来，像唐人绝句里的"鹦鹉前头不敢言"，产生了极深的嘲弄意趣，真难为她设想得这样周到！

张爱玲听到这里，顿了一顿道："我的作品要是能出个有批注的版本，像脂本《红楼梦》一样，你这些评论就像脂批。"

水晶受到鼓励，当真批点起来。

他道，像《阿小悲秋》，那苏州娘姨看来像一个"大地之母"，因为自始至终，她都在那里替主人洗衣服、整理房间，仿佛有"洁癖"似的。故事结尾时，她发现"楼下一地的菱角花生壳，柿子核与皮"，还愤愤不平地想着："天下就有这么些人会作脏，好在不在她范围之内。"写得真是好！

张爱玲闻言，满心欢喜，笑出声来。她的笑声听来有点软糯,是十岁左右小女孩的那种笑声,令人完全不敢相信,她已经活过了半个世纪。

随即谈到了《红玫瑰与白玫瑰》。

她说,《传奇》里的人物和故事,差不多都"各有其本"的,也就是她所谓的 documentaries,红玫瑰表面上像个"坏"女人,其实很忠厚,作者对她非常同情;而佟振保是个保守性的人物,他深爱着红玫瑰,但他不敢同她结婚,在现实与利害的双重压力下,娶了白玫瑰。其实他根本用不着这样瞻顾的,结果害了三个人,包括他自己在内。写完了这篇故事,觉得很对不住佟振保和白玫瑰,这两人她都见过,而红玫瑰只是听见过。

红玫瑰这个角色,有她母亲的影子,而佟振保,日后做了她的姑父。

关于《半生缘》,当谈到女佣阿宝这个角色塑造得不够逼真时,她一口承当下来。

她主动告诉水晶,《赤地之恋》是在"授权"的情形下写成的,所以非常不满意,因为故事大纲已经固定了,还有什么地方可供作者发挥的呢?

话至此,她已经喝完第四杯咖啡了。

话题转到"五四"以来的作家。

她说非常喜欢阅读沈从文的作品,这样好的一个文体家。

她认为老舍还是短篇精彩。

鲁迅,她觉得他很能暴露中国人性格中的阴暗面和劣根性。这一传统等到鲁迅一死，突告中断，很是可惜。因为后来的中国作家，在提高民族自信心的旗帜下，走的都是"文过饰非"的路子，只说好的，不说坏的，实在可惜。

她平常喜欢看通俗英文小说，阅读对于她来说，已成为第二生命，仿佛活在空气里一样。她引用业已逝世的丈夫赖雅的话说："他常说我专看'垃圾'！"

说完又笑。

关于《红楼梦》，她说一俟工作在6月份结束后，便准备用英文写一篇考证，同时接下去，把英译《海上花列传》的工作做完。像《红楼梦》，她认为不止写了十年……她说曹雪芹大概死于四十七八岁，所以《红楼梦》没完。

从《红楼梦》移花接木，接枝到《金瓶梅》上。水晶说，读《金瓶梅》，总觉得面对着一个纸糊的世界，样式看来假得很。她听了颇感诧异，好像一个人怎么能够欣赏《红楼梦》和《歇浦潮》，唯独走不进《金瓶梅》的世界里去？

水晶说，像吴月娘这种缺乏酸素的女人，实在少见。

她认为好便好在这里。吴月娘对于潘金莲、李瓶儿等姨娘的态度，表面上似乎毫不妒忌，那是因为当时的社会传统，不得不如此。但是，月娘有时说起话来，也会酸溜溜的，这使得吴月娘充满了"暧昧性"，所以是更近乎人性的。每当她读到宋蕙莲以及李瓶儿临终两段，都要大哭一场。

她道，写作的时候，是非常高兴的，写完以后，简直是"狂喜"！她用嘹亮铿锵的音调，说出"狂喜"二字。

她说写过一部英文小说，兜来兜去找不到买主，预备将它译成中文；不过有些地方还得改。另外用中文写的军阀时代的长篇（指《少帅》）写了一半搁下来了，也想把它赶完。还有两个短篇，亟待整理出来。她要想写的东西太多太多。

又譬如美国人的事情，她也想写的。

她要写的东西，总得酝酿上一二十年再说。

谈到她作品留传的问题，她说感到非常的 Uncertain（不确定）。因为似乎从"五四"一开始，就让几个作家决定了一切，后来的人根本就不被重视。她开始写作的时候，便感到这层困扰，现在困扰是越来越深了。

她语气轻巧，神情却是落寞的。

有天夜里，张爱玲做了一个梦，梦见一位不认识的中国作家，取得极大的成就，相比之下，自己很丢人。早上醒来，她向赖雅哭诉了这个梦。

这个梦，表达了张爱玲对自己的期许和现世的不如人意。

顿了一顿，张爱玲道："我现在写东西，完全是还债，还我欠下自己的债，因为从前自己曾经许下心愿。我这个人是非常 stubborn（顽强）的；许多洋人心目中的上海，不知多么色彩缤纷，可是我写的上海，是黯淡破败的。而且，就连这样的上海，今天也像古代的'大西洋城'，沉到海底去了。"

她说这话时，有一种玉石俱焚的神情。

这次会面，持续了七个小时。她说，像这样的谈话，十年大概只能一次！又说朋友间会面，有时终生只得一次。

这是真的。

水晶捧着张爱玲亲笔题赠的《怨女》英文本，和香奈儿五号香水，下得楼来，站在街边，已是凌晨。仰面，看着张爱玲公寓的小阳台，看着窗内黄晕晕的灯光，一时间，觉得张爱玲像一只蝉，薄薄的纱翼虽然脆弱，身体的纤维质素却很坚实，潜伏的力量也大，藏到柳阴深处，正像夏天正午的蝉声，……吱……吱……吱，栖高声自远。

2014 年 9 月 2 日中午，笔者经过张爱玲在布什街的旧居，去伯克利，继水晶之后，拜访这个物理空间。

沿着特克大道，十几分钟的样子，在杜伦街的尽头找到了这栋公寓。

地址是从哈佛大学档案馆获得的。

加州伯克利杜伦街 2025 号 307 室。

绿灰色的建筑，下午 4 点钟的阳光。走上台阶，按管理员的电话，无人应答。

等。等着。总是这样。

张爱玲习惯了孤独，我习惯了等待。

有人来开门，如愿进入张爱玲的领地。

一个小小的庭院，一洼碎石，几棵绿色植物，一盏老旧的吊灯。

狭窄的电梯。

上了三楼，307 室。门口一块擦脚垫，悄无声息。这是张爱玲喜欢的氛围。

轻叩房门，没有回音。我倚在门上，拍照留存。慈禧太

加州杜伦公寓，张爱玲曾在这里接受学者水晶七个小时的采访

后不愿意拍照，害怕灵魂被摄走。我希冀张爱玲的灵魂能够进入我的相机。

电梯门开了，一位中年男士走过来，疑惑地看着我。我说明来意，他惊讶道："我就住在 307 室。我不知道你说的这位女士，不过总有什么人知道的。"

我问："可以进去看看吗？"

他道："当然可以。"

他开了门，喃喃道："抱歉，屋子很凌乱，请不要介意。"

没有会客区。越过门厅，便是卧室。

卧室的落地窗，面朝杜伦街。

窗外，一个大工地，正在盖新的建筑。

床的周围，一排书架，书太多，彼此挤在一起，唯恐落下来。手工制品与厨房的杯碟参差错落地搁置在架子上，似乎它们从来不曾被使用过。

墙上一张画报，是诗人艾伦·金斯堡（Allen Ginsberg）和

加州杜伦街公寓,本书作者与张爱玲旧居的现任房客

杰克·凯鲁亚克(Jack Kerouac),背景是旧金山"城市之光书店"(City Lights Bookstore)——"垮掉的一代"的发源地、大本营,"反叛文化"的路标,在如今多元文化和信息的冲击下,依然傲然屹立。

"城市之光书店"位于美国旧金山北海滩,中国城和意大利区的交界处,是张爱玲和赖雅经常散步买食物的地方。

如今,依旧有中年人站在"城市之光书店"的玻璃窗前,凝视着《在路上》的封面,缅怀曾经骚动的青春。

空间逼仄，也不便让座，我们就站在这张海报前。

他说，他叫迈克尔·瑞德（Michael Ryder），在附近医院工作。张爱玲居住在这里的时候，他才刚刚出生。

他说，他爱文学，爱电影，看过李安导演的《色·戒》，只是不知道这是根据张爱玲的小说改编的。对我，特地从中国跑来此地寻访一位在美国默默无闻的已故女作家，他十分惊讶。他说，他愿意在方便的时候为我做一些搜寻工作，譬如当年张爱玲的邻居状况，当年的房租情况。

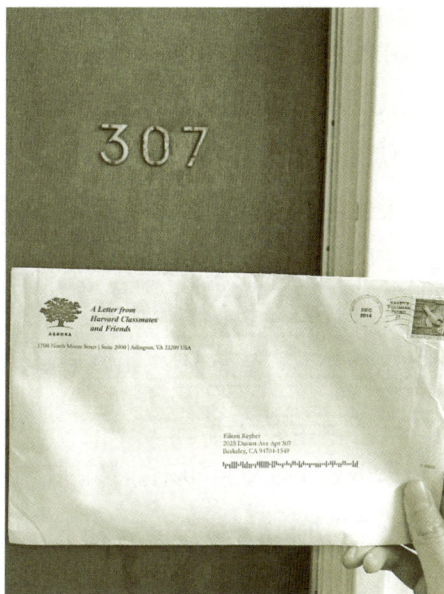

张爱玲已去世近二十年，她曾就职的哈佛大学并不知情，依旧往这个地址邮寄公函

他拿出一封信，是哈佛大学寄给张爱玲的。天呐！张爱玲已经去世近二十年，哈佛大学居然不知情，还在例行

公事。

1971年,詹姆士·莱昂(James K. Lyon)教授因研究德国剧作家布莱希特,曾经来此访问甫德南·赖雅(Ferdinand Reyher)的遗孀张爱玲。

在见张爱玲之前,他只知道她是赖雅的第二任妻子,1955年来到美国,与赖雅在新罕布什尔州的麦克道威尔文艺营结识,1956年两人结婚。1967年赖雅去世后,她则结束了与赖雅家人的联系。

赖雅的女儿杰克森太太(Faith Reyher Jackson)曾经告诉他,张女士出版过中文以及英文小说。不过当时他并没有在意,他的心思全在布莱希特的研究上。

杰克森太太建议詹姆士·莱昂向马萨诸塞州剑桥的瑞德克里夫女子学院询问张爱玲的地址,因为该校曾邀请张爱玲女士于1967—1969年担任驻校作家。这个细节表明,张爱玲虽然做了赖雅十一年的妻子,但是对赖雅的女儿并不亲近。

詹姆士·莱昂是哈佛大学的职员,又住在剑桥,顺利地拿到张爱玲的联络地址。

1971年1月11日,詹姆士·莱昂给张爱玲寄了封信,信中向张爱玲说明,他正在研究布莱希特流放美国期间的生活,并旁及他与赖雅的友谊,希望能够访问张爱玲。

几天后,他收到一张明信片,张爱玲说,她很乐意接待詹姆士·莱昂,难得的,她还给了一个电话号码。之前和以后,张爱玲对自己的地址和电话的保密程度几乎可以用变态来形容。

1971 年 2 月 2 日星期二早晨,詹姆士·莱昂到达旧金山。拨了张爱玲给的电话号码,却无人接听,事后他才知道张爱玲当时就在公寓里,故意不应答。

詹姆士·莱昂哪里知道张爱玲不见人的习性。他直接开车到达她的公寓。按门铃,依旧没人应答。

他推断她只是暂时外出,何况他已经订好明天一早飞回波士顿的机票,非得当天见到她不可。他把租来的车停在路边,守株待兔。

几个小时过去,没有人进出那栋公寓的大门。他随便买了点东西充当午餐,回去,再度按门铃。还是无人。

他留了一张便条,交给公寓管理员,管理员答应一定转送,并顺口说,张女士在加州大学伯克利分校某个机构服务,并把地址写给了詹姆士·莱昂。

当时已近傍晚。在那条街上,詹姆士·莱昂找到了伯克利中国研究中心的办公室,一栋红色砖墙的小楼。

他敲办公室的门,亦是无人答应。

他就在大厅等候。

过了几分钟,一位女士手抱着几本书从楼上来到大厅,径直往办公区域走去。

詹姆士·莱昂的直觉告诉他,这位女士就是张爱玲。

他上前打招呼,张爱玲吓了一跳。

待他表明身份,张爱玲才放松了紧张的肌肉和神经,邀他进入办公室。

这个细节，也可以印证他人的说法：张爱玲总是在别人下班以后才去工作，一副薄薄的身子，一个人穿行在办公大楼里，以至于人际关系荒疏。

詹姆士·莱昂说，张爱玲的英语无论是文法、还是使用的词汇，都可以用完美来形容。此外她使用英文成语之流利也令人刮目相看。关于她的先夫与布莱希特的问题，她给了丰富的信息且讲得清晰明白。言谈间她不经意地流露出高度的学识涵养以及惊人的记忆力。

她很严谨。所提供的信息与赖雅生活的细节均符实。她与赖雅最后的那几年过得艰难。言词中，她对这个在生命将尽处拖累她写作事业的男人，丝毫不见怨怼或愤恨之情。相反，她以公允的态度称许她先生的才能，说明他的弱点所在，并评估布莱希特与他之间的友情。

詹姆士·莱昂回忆，在整个访谈过程中，"张女士的表现热诚又令人舒坦，且相当配合。她的谈吐淡雅，怡然自若；在我们相处的时刻，我丝毫不觉她有任何不自在或者有逃避与人接触的想法。事实上，她优雅的举止留给我完全不同的印象；我对当天稍早与她联系困难的情况也没往其他因素去揣想，只归因于我听混了，或她记错了这种常见的理由。不久我得知不是这么简单——她的确曾试图逃躲"。

1971年2月2日，张爱玲给莱昂教授写了一封信。信上说：

亲爱的:请接受我迟来的道歉——因为我手边正有一些工作本周内需完成,怕有人来催,所以才不接电话也不应门。我原来并不知道就是你,一直到我们聊完,我独自回住所,见到了管理员塞在我门缝里头的信,才明白过来。

走笔匆促。愿你的书出版成功。

你的友人爱玲·赖雅

按照时间推测,这封信里说的,手边必须完成的工作,很可能就是被要求重写的有关中国"文革"政治术语的论文。

在上海,笔者路过张爱玲的公寓,总要望一眼她的窗,她的阳台。没有去叩门,因为知道,她不会应门。

离开杜伦公寓,沿着别墅区,步行去圣保罗大街。这条街,是张爱玲在伯克利期间,主要的生活区域。

1969 年 7 月 20 日下午,张爱玲抱着一台小电视机,在圣保罗大街上跌跌撞撞,满脸茫然。恰巧她的上司陈世骧开车路过,停车问:"你住在这里?"

张爱玲抱歉地嗫嚅道:"刚买了电视机准备看登月转播,可是找不到汽车站了。"

2014 年 9 月 3 日下午,我在寒风里,走了十二个街区,来到这里,站在圣保罗大街的路牌下,心里对张爱玲说:

"我存了十年的钱,走了这么长的路,从上海到旧金山,一万多千米,远山远水来看你,你却不在。我亦无语。只站在街角，拍下这个站牌，因为你曾来过。"

却来观世间，犹如梦中事。

晚上，回到酒店，读张爱玲的《私语》：

"年初一我预先嘱咐阿妈天明就叫我起来看他们迎新年，谁知他们怕我熬夜辛苦了，让我多睡一会，醒来时鞭炮已经放过了。我觉得一切的繁华热闹都已经成了过去，我没有份了，我在床上哭了又哭，不肯起来……人家替我穿上新鞋的时候，还是哭——即使穿上新鞋也赶不上了。"

是的，我也没有赶上。

打开壁炉，蜷缩在沙发上，张爱玲的句子随风潜入：

"每次想起茫茫人海中，

我们很可能错过认识的机会——太危险了。

命运安排多好。"

世界上最远的距离，不是瞬间分离便无处寻觅，而是尚未相遇，便注定无法相聚。

就着牛肉汉堡，把没有喝完的加州红酒喝了个干净。

坐在窗边，有轨电车一班又一班，叮叮当当，不紧不慢，穿梭在起伏的坡道上；没有车水马龙市井人声，隔壁张爱玲如何睡得着？

因为"词语事件"，张爱玲再度失业。

她是如何离开旧金山的，人们不得而知。

她是隐身人，孤独不败，向来不辞而别。

小人在乎世人的评价，智者在乎历史的评价；张爱玲活着，在乎的是她的文学才华，其余的，她都可以省略。

1972 年 5 月，张爱玲又托庄信正帮她租房，这一次，她搬到了洛杉矶。

这套公寓，阳台上，可以看见好莱坞山和著名的国会唱片大楼。这是张爱玲住得最长久的公寓，从 1972 年一直到1983 年。

2014 年 9 月，我到达洛杉矶。租住在星光大道边上的一个粉蓝色小酒店。

当年,玛丽莲·梦露还是一个小角色的时候,经常在这个酒店下榻。1962 年 5 月 19 日,梦露在麦迪逊公园广场上为约翰·肯尼迪总统演唱《生日快乐》歌时,张爱玲正在为自己的文学梦苦苦地挣扎。

那晚,一弯月亮高高地悬挂在酒店不远处的好莱坞山上,清如水、明如镜的秋天,也仿佛听见张爱玲的声音从1944 年缈缈地飘过来:

"书(指《传奇》)再版的时候换了炎樱的封面,像古绸缎上盘了深色云头,又像黑压压涌起了一个潮头,轻轻落下许多嘈切喊嚓的浪花。细看却是小的玉连环,有的三三两两勾搭住了,解不开;有的单独像月亮,自归自圆了;有的两个在一起,只淡淡地挨着一点,却已经事过境迁——用来代表书中人相互间的关系,也没有什么不可以。炎樱只打了草稿。为那强有力的美丽的图案所震慑,我心甘情愿地像描红一样地一笔一笔临摹了一遍。生命也是这样的吧——它有它的图案,我们唯有临摹。所以西洋有这句话:'让生命来到你这里。'这样的屈服,不像我的小说里的人物的那种不明不白,猥琐,难堪,失面子的屈服,然而到底还是凄凉的。"

清晨,在酒店里吃了面包圈和煮鸡蛋,捏着酒店经理为我打印出来的地址,去寻找张爱玲的遗迹。

那天,气温高达三十八摄氏度,体内的水分很快被蒸发。经过几番问路,在一个坡道上,找到了这个地址:

加州洛杉矶市好莱坞区金斯利北街 1825 号 305 室。

张爱玲在洛杉矶的公寓。她在这里完成了《红楼梦魇》《海上花列传》《色·戒》等重要作品。她也是在这里完成了重归中文文坛的转身

底楼，一个西班牙风格的公共客厅，镂花窗格下，阳光静静地落在沙发的提花布料上。

一架赭红木质楼梯，指示着张爱玲的方向。

不愿径直上楼，拖延着这个迟到的遇见。

把沙发移到305室信箱旁，等待张爱玲下楼来取件。她是依赖信箱与世界联系的。

落地窗外，棕榈树的院落，鸟儿啾啾，拖着细巧的身影，在方格地砖上寻觅午餐。

一位先生，穿一件亚麻衬衣，他过来，小心地问："你是在找张爱玲？"

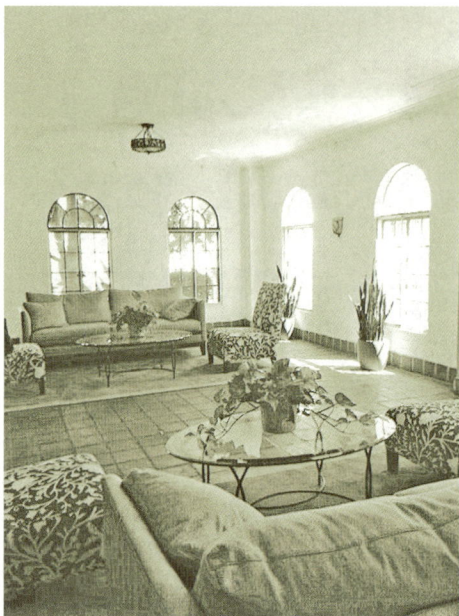

好莱坞附近,张爱玲公寓的客厅

我立时从沙发上跳起来:"您认识张爱玲?"

他道:"我见过张爱玲。我就住在张爱玲隔壁。前些天,有香港电视台的人来拍摄张爱玲,我看你像中国人,所以猜想,你也是在找张爱玲。"

他叫戴维。他把我让进了他的公寓。

一房一厅,阳台上可以看到好莱坞山、国会唱片公司,与我下榻酒店的景致一般无二。

戴维说,20世纪七八十年代,在张爱玲居住的时代,这样的公寓就算是高级的酒店式公寓了。好莱坞许多著名编剧、导演都曾在这里留下过生命的印记。他曾经也是好莱坞的编剧。

迫不及待地问张爱玲。

戴维说："她不会主动与人打招呼,也很少出门,经常穿宽松的棉布袍子,蓝色的最多。"

戴维道,那时他还是一个少年,不会对一位中年妇女多加注意。不过现在,因为来找张爱玲的人多了,他也开始研究张爱玲,邮购了张爱玲的英文小说,也看了李安导演的电影《色·戒》,他正在学中文,不过进展很慢,因为他得了癌症。

他一直把我送到大门口,并与我拍照留念。

根据记载,张爱玲在这里只接待过庄信正夫妇。

1974年6月末,庄信正将离开洛杉矶,张爱玲得知消息后,邀请他们来公寓喝茶。7点45分,庄信正夫妇到达。管理员听说是拜访张爱玲的,十分高兴,她热心地告诉庄信正,张爱玲出去了,并且一再说,希望有人经常来看望这位中国女子。

也许,在管理员看来,张爱玲实在太孤单了。

庄信正夫妇坐在我刚坐过的沙发上,每隔十分钟,去按一次门铃。8点40分左右,张爱玲应声开门。她很惊讶地看着门外站着的庄信正夫妇。她以为她约的是第二天。

她忙不迭地把年轻的夫妇让进客厅,手忙脚乱地泡咖啡,舀冰淇淋。

一番张罗以后,她拿出了家族相册,给年轻夫妇看。后来,这本脱了线的相册,成就了张爱玲的最后一本书《对照记》。

咖啡、冰淇淋,宾主相谈甚欢,一直到凌晨3点多。

一夜未眠。第二天一早,庄信正在商店里买了一本相簿,请公寓管理员转交给张爱玲,然后开车离开了洛杉矶。这是庄信正与张爱玲的最后一面。

几年前,笔者在上海遇见庄信正。那时,他正在收集他与张爱玲的书信往来,准备出版。

我们去吃上海菜。

在餐桌旁,庄信正道,张爱玲为了感谢他,送他一枚钱币,是王莽时代的古董,其中一面,已被岁月磨平了。

庄信正以为太贵重,坚决不受。

1973年8月16日,张爱玲第一次在信中写到自己的疾病,因为长期失眠,她不得不大量服用安眠药,从而产生副作用,比如耳鸣之类。

她没有让自己闲着。事实上,她一直很忙。所忙,自然还是写作。

1976年春,她写完了十八万字的自传体小说《小团圆》初稿。出版了《红楼梦魇》《色·戒》《惘然记》《浮花浪蕊》《相见欢》《"五四"遗事》《张看》,完成《海上花列传》汉语评注英译,《半生缘》《倾城之恋》被搬上荧屏,发表了一系列散文随笔,稿费超过了此前梁实秋保持的最高纪录,创出了天价。

在这栋公寓的居住期间,张爱玲完成了又一个转身——重归中文文坛。

从 1983 年开始,牙齿、皮肤病,成了她日常生活的两个敌人,比起失眠症来,来得更猛烈。

1983 年 10 月 26 日,张爱玲的牙医退休了。而住了十年的公寓发现了虫子和跳蚤,她选择搬家——开始了离奇的逃亡生涯。

人虫大战就此开始。一如好莱坞电影《星河战队》,数以千计的外星虫族四面逼近,地球军紧握冲锋枪群扫狂射,人类与外星人相持对阵,激烈、紧迫,电影中,高智商脑虫的参战,更让人类面临前所未有的威胁。

现实生活中,张爱玲去兽医院买了十罐"跳蚤炸弹",无节制地疯狂喷射,与虫子展开了殊死的搏斗。

在洛杉矶的二十三年,由于张爱玲执拗地对地址保密,除邮箱外,现在能够找到的地址有十五个,其中八个是汽车旅馆。迁徙流浪逃亡的时间大致从 1983 年秋天开始,到 1988 年初春结束。

张爱玲的母亲和姑姑,在人生发生变故的时候,第一指令便是空间移动:逃离、搬家。

张爱玲的出逃是由家族基因决定的,是有历史记录的。

最典型的一次就是从父亲家逃出来:

"伏在窗子上用望远镜看清楚了黑路上没人,挨着墙一步一步摸到铁门边,拔出门闩,开了门,把望远镜放在牛奶箱上,闪身出去。——当真立在人行道上了!……街灯下只看见一片寒灰,但是多么可亲的世界呵!我在街沿急急走着,每一脚踏在地上都是一个响亮的吻。……真是发

了疯呀！随时可以重新被抓进去。"（张爱玲:《私语》,上海《天地》1944 年 7 月第 10 期）

她要逃离什么？

不仅是虫子,还有人！

人是更难缠的灾害。

她的成长历史,就是一部伤痛和逃离伤痛的小说。

这些伤痛潜伏在体内,时常出来袭击它们寄身的主人。

1986 年 9 月 25 日,张爱玲致庄信正信说,搬家太累,在公车上打盹,遭扒窃而破财。这样的事情发生了数次。

在洛杉矶等公车,就如在上海郊区等待长途汽车,漫长寂寥。那时,张爱玲已经六十多岁了,由壮而老,千生万劫不自知,却清高,不肯低下高贵的头颅。

搬家最病态的时候,张爱玲曾经一天换一个汽车旅馆。这样搬来搬去,她的东西也就扔得差不多了。因为搬得太勤了,又不会开车,只好把自己的东西存在某处,直到确定不搬了,再取回。

姑姑写给她的信,她没有精力去邮局取,被退回去。夏志清 1985 年写给她的信,到 1988 年她才拆开。

在逃亡中,她不断地延迟着必须面对的现实。

天天上午搬家,下午进城,出租车很贵,她只能坐公车,一趟公车单程就是两个多小时,有时候,回到住处已经是半夜了,剩下的时间只够吃一个速食品。这样的荒唐行径,她自己都觉得不可思议。

《白鲸记》里有一句话:"大白鲸的白色是它生成孤独

的特殊指数。"

张爱玲就是这条白鲸。

我去过一个公寓,地址是:

加州洛杉矶市好莱坞区菱形大街 2025 号 26 室。

这是张爱玲在洛杉矶的第三个公寓,居住时间大约在 1984 年 6 月左右。

这栋公寓品质很差,类似上海 1970 年代的工人新村,门口堆着被人遗弃的破旧家具和几个装满旧衣物的蛇皮袋。

张爱玲的单元在二楼。

无人。从窗子里望进去,二十多平方米的房间,厨房和卧房在同一个空间里,一条花被子铺在床上,还没有来得及整理,一只黑白相间的猫咪好奇地望着我,无所畏惧。空气中弥散着一种寒酸的气息。

我怔怔地站在张爱玲的门前,只觉得心疼,挪不动步子,眼泪扑簌簌落下来,止也止不住。

离开这个公寓以后,张爱玲越飘越远,越搬越频繁。那种样子,近似台湾的三毛,血液里有流浪癖。

这样的流浪生活,持续了四年多。

这样的生活状态,严重地伤害了张爱玲的健康。

1984 年 1 月 22 日致庄信正的信里,她写到了这样的状态:"……差不多一天换个汽车旅馆,一路扔衣服鞋袜箱子,搜购最便宜的补上,累倒了感冒一星期,迄未痊愈。还幸而新近宋淇替我高价卖掉《倾城之恋》电影版权,许鞍华导演……再去找房子，一星期内会猖獗得需要时刻大量喷射，生活睡眠在毒雾中，也与健康有害……"

她此时对环境的要求以及对虫子的敏感已经到了非理性的地步。如果发现邮箱里有虫子，当即将所有的邮件扔掉；发现箱子里有虫子，直接将箱子丢掉。发现衣服上虫子停留过，将衣服扔掉。

庄信正收到信以后，发现没有回信的地址，又得知张爱玲累倒了，很是关切，拜托洛杉矶的朋友林式同，帮助张爱玲租房子。

1984 年 4 月 4 日，张爱玲写道："我这大概是因为皮肤干燥，都怪我一直搽冷霜之类，认为皮肤也需要呼吸，透气。在看皮肤科医生，叫搽一种润肤膏，倒是避跳蚤，两星期后又失效——它们适应了。脚肿得厉害，内科医生查出是血管的毛病，治好了又大块脱皮，久不收口，要消炎，等等。又还在看牙齿，除了蛀牙，有只牙被新装的假牙挤得搬位，空出个缺口，像缺只牙。牙医说是从来没有的怪事。我忍不住说了声，'我是有时候有这些怪事'。"

给庄信正的信发完了，她又给夏志清写信，只用一个词：百病俱发。

1985 年 10 月，刚从外地出差回来的庄信正，看到台湾《中国时报·人间》刊登了水晶的一篇标题为《张爱玲病了!》的文章，讲的便是张爱玲变态的人虫大战之事。

也因为这篇文章，张爱玲终止了与水晶的联系。

水晶再三谢罪，张爱玲横竖不理睬。

张爱玲十九岁的时候，在一篇文章里写道：生命是一袭华美的袍，爬满了蚤子。

一语成谶！

1984 年 11 月 5 日，张爱玲在给夏志清的信中提到"虫子"："我因为老房子虫患被迫仓皇搬家，匆匆写张便条寄地址来。"

1984 年 12 月 22 日，张爱玲在给夏志清的信中称自己一年都没有固定地址："我这一年来为了逃虫难，一直没固定地址，真是从何说起。"

之后三年张爱玲都没有给夏志清写信。夏志清隔一段时间去信问候，都没有回音。

有个说法：从 1984 年 8 月到 1988 年 3 月这三年半时间内，张爱玲平均每个星期搬家一次，算下来搬家次数多达一百八十次。

没有明确的证据证明这"一百八十次搬家"确有其事，但张爱玲在这段时间内，因她认为的虫难频繁搬家是可以确认的。

1988 年夏志清再度接到张爱玲来信，才知道自己多封去信，张爱玲收到了没有时间拆："天天上午忙搬家，下午远道上城，有时候回来已经过午夜了，最后一班公交车停驶，要叫汽车，剩下的时间只够吃睡，才有收信不拆看的荒唐行径。"

这封信里提到去看了医生，查出"皮肤过度敏感"，用药立刻好了。据此可猜测，"虫难"也许只是皮肤敏感的瘙痒，她当时还准备写篇文章回顾这场"人虫大战"。

1988 年 4 月 6 日的来信中，张爱玲汇报皮肤瘙痒问题已解决。

按说"虫难"已告一段落。

朋友们都很欣慰。

可是，正当张爱玲试图安顿下来时，发生了震动整个文坛的"张爱玲垃圾事件"。

整个事件的发生发展过程，如同一部侦探片。

据推测，案发时，张爱玲居住的地址是：

加州洛杉矶市雷诺南街 245 号 9 室。

搬入日期大约在 1988 年的 2 月。

1988 年 3 月，女作家、记者戴文采，接受了采访张爱玲的委约。

张爱玲怕见人，于是记者演绎了著名的"垃圾事件"

"那一年,我刚生下女儿。我白天起床拎着婴儿篮和奶瓶去住张爱玲隔壁的 10 号房间。晚上 7 点多还得把孩子送回家,再回报社编报,工作忙碌异常。完成了任务后,也就搬出来了,一共住了一个月,期间我们并无交往。"

当时,《联合报》主编痖弦,去信给张爱玲寄了戴文采的中篇小说《哲雁》,表明采访者笔力足够。但张爱玲回信告诉痖弦,小说读到了,写得很好,但她不想接受采访,因为她牙龈一直渗血。

被拒绝也是在意料之内。张爱玲不见人是出了名的。

于是,年轻的戴文采便使用了"间谍"的方式,潜伏在张爱玲隔壁的 10 号房间。

在居住的一个月里,戴文采通过各种可能的方式接近、窥视张爱玲的行踪,最后写出了《华丽缘——我的邻居张爱玲》。

文章里,有一段专讲收集张爱玲的垃圾,据此对张爱玲生活作出分析和判断。此文文笔优美,充满细节和悬念。

某报编辑读了戴文采小姐的文章后,认为此文涉及隐私,不便发表,立即与纽约的庄信正先生联络,告诉他这份稿件的事。不料庄信正在电话那头说,他已经知道戴文采小姐住在张爱玲隔壁的事,"不过她们都已经搬走了"!

所谓"她们",指的当然是张爱玲和戴文采小姐。

原来戴文采小姐"阅读"了张爱玲的全部垃圾之后,难抑兴奋之情,给住在旧金山的 C 女士打电话,婉转告知她接受台北 U 报副刊的委托,已经住进张爱玲隔壁房间,正在等待比较合适的机会,看看能否进入张爱玲的房间采访。不过也许出于心虚,她略去了偷走张爱玲信件,翻检垃圾这段情节。

C 女士接完戴文采小姐电话,惊呼非同小可,立刻给住在纽约的夏志清教授打电话。

夏志清教授接完 C 女士电话,也觉情势危急,不敢拖延,即刻打电话给庄信正,因为只有他知道张爱玲的电话号码。

庄信正总是隔一段时间就给张爱玲打个电话,问候近况,不过张爱玲是不大接电话的,十次电话大概有九次不接。

但是那次如有神灵,他打电话到洛杉矶,张爱玲一下子就接起了电话!

庄信正在电话里急急地把事由描述了一番。

张爱玲听完,并不枝蔓,只道"知道了",便挂断电话。

第二天,庄信正又打电话给张爱玲,但是没人接。按照与张爱玲的交往惯例,没人接电话并不表示她不在。庄信正不放心,又给他住在洛杉矶的好友林式同打电话。这位好友接受庄信正之托,十多年里,一直负责协助张爱玲的租屋及搬迁事宜。

林式同接到庄信正电话,很默契很简洁地答道:"没问题,已经搬好了。一天的工夫!"

再说戴文采小姐,竟不知道张爱玲已经搬走了。她仍然每天耳贴墙壁,却听不到一丝声响。起先她以为张爱玲病了,连电视也不看了。但是连着几天的沉寂无声,不免起了疑心;到管理员那儿询问,才知张爱玲早已搬走了!

经此一役,张爱玲对地址和电话的保密更是到了登峰造极的程度。

根据张爱玲的信件,她逃离了记者的追踪后,在林式同的帮助下,搬入了加州洛杉矶市湖泊南街 433 号 322 室。搬入日期大约在 1988 年 6 月。

一房一厅,没有家居,租金五百三十美元。

张爱玲觉得这个公寓太大太贵。

1988 年 6 月 26 日,张爱玲在给宋淇夫妇的信里说:

"我告诉林(林式同)我搬家搬得筋疲力尽,再搬实在吃不消了,他答应代为保密。这地址我除了你们谁都不告诉,只用 Wilcox Av(威尔考克斯大道)信箱。庄信正当然知道。"

虫患绵绵无绝期。

1991 年 11 月 1 日的信中,张爱玲再度提到"虫子":"先些时我又因为逃虫患搬家,本来新房子没蟑螂,一有了就在三年内泛滥,杀虫剂全都无效。最近又发现租信箱处有蚂蚁……接连闹跳蚤蟑螂蚂蚁,又不是住在非洲,实在可笑。"

很多人都会认为这"人虫大战"不过是张爱玲的心病。夏志清夫人王洞不想轻易下判断:"我们不在洛杉矶,不晓得她到底住在什么样的地方。她可能有皮肤病,自己不知道,也可能是心理的关系,这就很难讲了。"

学者陈子善则将其归纳为作家敏感天性："说有心理问题要有论证。但她肯定很敏感，不敏感很难成为大作家。"

王德威则干脆把张爱玲的疾病缠身上升到"现代主义美学观点的身体呈现"："你看西方或东方重要的几个现代主义大师，他们在身体的灼伤，或者病或者是在自残的倾向里面所显现的一种坚持。"

"他人"即地狱。

我则更愿意把虫患症归入神秘主义，或者心理学的范畴来分析。

最后的渡口，遗嘱

从好莱坞的中国戏院出发，地铁转地铁，转公交车，经过著名的比佛利山庄，经过莫妮卡海湾，终点站加州大学下车。

正午的烈日下，找不到行人问路。

凭着直觉，踩着自己的影子，一个街区一个街区地走着。一个路口被封了起来，在拍电影，女主角披着外套从屋子里出来，男主角迎上去，他们彼此挽着走出镜头。

我趋前观西洋镜，一看路牌，竟正是在寻觅的罗彻斯特大道，张爱玲人生居住的最后一个物理空间。

心中一阵狂喜。

于我而言，有关张爱玲的一草一木，一字一帖，都会引起内心的震动。这是我的痴。

我站在路的中段，向左，还是向右？似乎闻到了张爱玲的气息，我决定左拐。

左拐，一幢白色的建筑，豁然映入我的眼帘。我曾在照片上无数次地进入这个空间，这里是张爱玲生命最后的渡口。

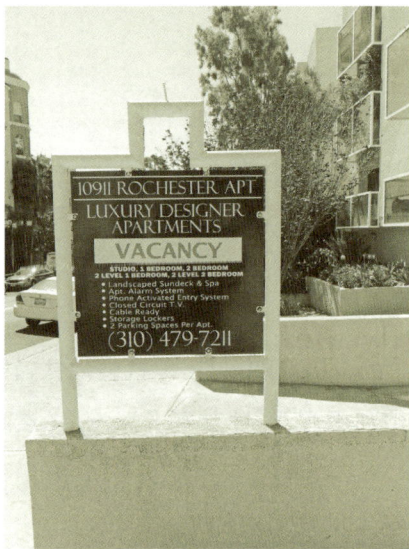

罗彻斯特公寓招租广告牌

我担心我会窒息，也担心精彩的电影太快到了尾声，我拖延着故事最后时刻的到来——总是这样。

活着活着就老了。

1995 年 7 月 25 日，张爱玲七十五岁了。

还是皮肤疾患，张爱玲去做日光浴，回来，已近午夜。

进得门，赶紧开了灯，换下外衣。

泡一杯埃及药茶,浅啜一口,缓过劲来,拾起换下的外套准备去洗衣房。一低头,就发现了心头大患,一只跳蚤!一时花容失色,赶紧地把衣服塞进黑色的垃圾袋,扎紧了口子,坐电梯下得楼来,不敢扔在公寓的垃圾箱,担心会爬出来。细细的身子,佝偻着,拎着垃圾袋,失魂落魄状,硬是走了几个街区,才抛尸野地。回到公寓,依旧惴惴不安,担心留下虫卵。

这是一处典型的美国中产阶级的住宅区,安静优雅,如一张明信片,环顾四周,一时,也未找见垃圾箱。可怜张爱玲,这个时候,已经无力搬家了。

门厅一面镜子,我仔细整理了衣冠,在脸上略略拍了几笔蜜粉,决定去敲张爱玲的门。一扇粉紫色的门,在走廊的尽头。

居然有人应门。

是一位韩国男生。在加州大学读数学。

我说明来意,男生满脸狐疑和警觉。

我又拿出机票和护照,他依然不信。

我问:"你知道李安导演吗?他拍过张爱玲的《色·戒》。"

他道:"稍候。"

转身去电脑上搜索,搜出了李安的电影《色·戒》,也搜出了张爱玲的英文网页。

于是,很礼貌地侧身,让我进屋。

一步,跨入门槛,跨入张爱玲的领域,她的城堡,她的要塞,她自治的领地。

我有些胆怯。

我害怕张爱玲状告:入侵,擅闯。

张爱玲说:"上海人还是可以见见的。"

我是张爱玲身后,第一个进入这个私人空间的上海人。

室内延续了张爱玲的风格,一尘不染,家徒四壁。住在这里的张爱玲,于在上海时的张爱玲,已然换了天地。

1944 年,胡兰成去张爱玲的家,这样描述:

"第二天我去看张爱玲。她房里竟是华贵到使我不安,那陈设与家具简单,亦不见得很值钱,但竟是无价,一种现代的新鲜明亮几乎是带刺激性的。阳台外是全上海在天际云影日色里,底下电车当当地来去。张爱玲今天穿宝蓝绸祆裤,戴了嫩黄边框的眼镜,越显得脸儿像月亮。三国时东京最繁华,刘备到孙夫人房里竟然胆怯,张爱玲房里亦像这样的有兵气。"

这是胡兰成四十多年前的话。

像是说另一个人,也叫张爱玲。

前世今生。前世的张爱玲对都市的繁华充满眷恋,而且这个都市只能是上海,不能是香港或者广州,当然,更与美国西海岸的某个遥不可及的城市无关。

张爱玲说:"我不想出洋留学,住处我是喜欢上海。"

在《公寓生活记趣》里,张爱玲把她对上海的眷恋如实道来:"公寓是最合理想的逃世地方。厌倦了大都会的人们往往记挂着和平幽静的乡村,心心念念盼望着有一天能够告老归田,养蜂种菜,享点清福。殊不知在乡下多买半斤腊肉便要引起许多闲言闲语,而在公寓房子的最上层你就是站在窗前换衣服也不妨事!"

张爱玲最好的日子全部叫胡兰成带走了。他们最好的日子是在沪上的公寓里,墙壁上一点斜阳,他们并肩看画册,如梦如幻,两人像金箔银纸剪贴的人形,男的废了耕,女的废了织,只在床帷厮磨,欲仙欲死。

1944 年,张爱玲与胡兰成结婚,婚书上写:"胡兰成张爱玲签订终身,结为夫妇。岁月静好,现世安稳。"有点像决心书。

可惜,恋人的誓言是无法到达上帝的耳畔的。

纷乱的世道,夫妻本是同林鸟,大难临头各自飞。张爱玲却有对人生的坚执。她对胡兰成道:"那时你变更姓名,可叫张牵,又或叫张招,天涯地角有我在牵你招你。"

1966 年 11 月 4 日,她在给夏志清的信中说:"胡兰成书中讲我的部分缠夹得奇怪,他也不至于老到这样。不知从哪里来的 quote(引用)我姑姑的话,幸而她看不到,不然要气死了。"

1975 年 12 月 10 日,她在给夏志清的信中道:"三十年不见,大家都老了——胡兰成会把我说成他的姜之一,大概是报复,因为写过许多信来我没回信。"

张爱玲是亮烈难犯的,胡兰成这么说。

她要回应胡兰成,回应她人生节点中的主要事件。

1994 年 10 月 5 日,张爱玲在给庄信正的信里道:

"⋯⋯我正在写的《小团圆》内容同《对照记》，不过较深入。"

此信证明，小说《小团圆》的自传性质。

在《小团圆》里，张爱玲一个也不放过，比胡兰成更凌厉地揭露了更为隐秘的私事。

有人热衷将《小团圆》里的人物对号入座，实在是因为这部小说强大的自传性的基因。

因为《小团圆》不适合在当时出版，于是，张爱玲姑且出版了《对照记》。

《对照记》是在这个公寓里完成的。

写作这本书的日子，是一段温暖的日子。

她又回到了母亲的铜床上，在青丝被面上，摆出一张一张照片：

外曾祖父李鸿章，祖父张佩纶，祖母李菊耦，父亲、母亲，姑姑，弟弟⋯⋯

李鸿章，晚清四十年的历史，每一页都有他的签名。父亲和姑姑说起他的名字，都故意压低了嗓子。他是一个裱糊匠，糊一个千疮百孔的大清王朝，就连他女儿的婚姻，也就是张爱玲祖母的婚姻，也是他亲手糊的一盏纸灯笼。

祖父张佩纶，也是清朝著名的大官，喝饱了酒就写奏折，反腐败，弹劾官员，奏一个倒一个，满朝官员，怕他，也恨他。他主战。中法海战，大清的海军一败涂地。传说他是顶着铜脸盆逃出来的，从此被贬。李鸿章爱才，把他招为幕僚，还把自己的千金许配给他做填房。可怜奶奶，多美的一个人儿呀,嫁给爷爷做填房时,她二十三岁,爷爷四十岁,还有肝病。听说李鸿章心疼女儿,派人漏夜送大闸蟹。于是,爷爷和奶奶月下温酒煮诗。

张爱玲曾经保存一个绣花荷包,是她奶奶留下来的荷包。这女红,貌似漫不经心地描龙绣凤,其实,针针线线都刺在了心尖上。心碎了,是会淌血的。荣耀的背后总是悲剧。如果她还有时间和体力,她是一定要写一部李鸿章的悲剧的。比《哈姆雷特》,比《李尔王》更悲凉。

奶奶三十几岁就守寡,还没有来得及绽放却已是老了。姑姑说,春天,海棠开的时候,奶奶扶着丫鬟的肩头,一步三摇,去院子里看花。她身上有痣,一朵一朵,如桃花的芯子。她身边的丫鬟说,老太太那个省哦,连手纸也省,担心坐吃山空。命运就是这样防不胜防,她的防卫又是这样微弱可怜。

张爱玲写道:"我没有赶上看见他们。他们只静静地躺在我的血管里,等我死的时候,他们再死一次。我爱他们。"

对于不会说话的人,衣服是一种语言,随身带着的一种袖珍戏剧。

写累了,揽过母亲留下的箱子,穿一件清朝大镶大滚的袄,下摆处露出一节宝蓝色旗袍,一双平金牡丹戏凤绣花鞋,头发极短,一副玳瑁鹅黄色眼镜,手托一壶茉莉香片,唇膏一抹香奈儿的殷红。斗室里,青衣身段袅袅踱步。忽地闻见京胡声,那是老宅子里,父亲、继母、陆小曼在一起票戏。

搁下茶壶，拧亮落地灯，居室瞬间灿烂辉煌。

"风淅淅，雨纤纤。难怪春愁细细添。记不分明疑是梦，梦来还隔一重帘。"

她在镜子前顾影自怜，选出一副翡翠耳环，比画了一番，放下，又拣起一副硕大的蓝宝石耳环，一一地用心戴上，那是母亲给她的念想。

自小，张爱玲认定自己是天才，大约是家族的基因吧。

1992 年 2 月，张爱玲去文具店买授权书时，顺便买了遗嘱表格。14 日，张爱玲在美国加州洛杉矶市比华利山立了一份遗嘱，在法定公证人与其他三位证人面前宣誓完成，一切依照当地法律。遗嘱很简单，只有三点事项：

"第一，我去世后，我将我拥有的所有一切都留给宋淇夫妇。第二，遗体立时焚化——不要举行殡仪馆仪式——骨灰撒在荒芜的地方——如在陆上就在广阔范围内分撒。第三，我委任林式同先生为这份遗嘱的执行人。"

1992 年 2 月 25 日，她写信给遗嘱受益人宋淇夫妇：

"如果我的钱有剩，那么，（一）用在我的作品上，例如请高手译，没出版的出版，如关于林彪的一篇英文，虽然早已明日黄花。（《小团圆》小说要销毁）这些我没细想，过天再说。（二）给你俩买点东西留念。即使有较多的钱剩下，也不想立基金会作纪念。"

无论处在何种境况之中，她始终没有放弃对文学的承诺。

花开花落、雁去雁来、雨丝风片，人生本来的色泽终要一点一点显现、落定。

抬头间，没有四季的洛杉矶，一声叹息，已然到了1995 年。

7 月，张爱玲放弃了再次搬家的计划。

单是日光浴，每天便耗去了十三小时。

过分的照射，引起灼伤，生发新的伤口，她日日与新鲜的淌血的伤口相伴。

她太累了。

独居，不再是欢愉，而是没有期限的囚禁。

这个最后的居所，张爱玲把自己形容成老鼠洞里的人，不见光。

她决定撒手。

她说，人生最可爱的当儿便在那一撒手罢。

1995 年 9 月 8 日，中午 12 点多，林式同倚在沙发上，正在读着昨晚没有读完的报纸，电话响了。

听筒那里，自报家门是张爱玲的公寓经理，一位很漂亮的伊朗女子，林式同见过他。

她道："你是我知道的唯一认识张爱玲的人，所以我打电话给你，我想张爱玲已经去世了！"

"什么，不可能！ 不久前我才和她讲过话。"林式同本能道。

"我已叫了急救车，他们快来了。我想他们已在大门口了"，她语气急促。

林式同突然记起遗书的事，对着电话喊："我有遗书！"

"好!"她道。电话挂断了。

短暂的情绪休克。

几分钟后,林式同从惶惑中惊醒。

十多年来与张爱玲的交往,张爱玲各个时期的形象,张爱玲电话里的北方话,一帧一帧,以平行蒙太奇的方式播放着。

电话又响了,一个男音说:"这是 L. A. P. D(洛杉矶警局),你是林先生吗? 张女士已经去世了,我们在这儿调查,请你等二十分钟以后再打电话来,我们在她的房间里,你有这儿的电话号码?"

警局要证实林式同与张爱玲的熟悉程度。

二十分钟就是一个世纪。

林式同拨通了张爱玲公寓的电话。

警察告知林式同,带着遗嘱即刻过去。

下午 3 点,林式同到达张爱玲的住所。

验明正身后,警察允许他进入张爱玲的房间。

时间瞬间凝固:日光灯还亮着,张爱玲躺在靠墙的行军床上,头发很短,如一个男孩,手脚自然平放,神态安详,身下垫着的是一张蓝色的毯子,那是她喜欢的颜色,也是她母亲喜欢的颜色。靠窗一叠纸盒,这便是张爱玲的写字桌了。

地上放着电视机,电视是她生活的背景。

不停地变换住所,不接电话,不开信箱,不见客人,吃着快餐食品,彻夜开着电视和电灯,怕黑怕寂寞却又拒绝尘世间的一切热闹和烟火,这便是晚年张爱玲的生活状态。

走到底，紫色的门，张爱玲在人世间的最后一扇门

地上堆着许多纸袋，里面放着衣服和杂物。

逼仄的浴室没有毛巾，到处是纸巾，拖鞋和餐具，一律是一次性的材质，一个贵族女性，对物欲的淡漠，彻底到如此境界，亦是令人无语。

据法医检验，张爱玲大约死于六七天前，也就是 9 月 1 日或 2 日，死因是心血管疾病。

张爱玲对自己的死是有准备的。

她躺下之前，有条不紊地整理好了各种证件和信件，装进一只手提包，放在门边最易被发现的厨房吧台上。

所有战争片里最恐怖的一幕，因为完全是等待。

她无须等待了。

可以发生的都发生过了。

安然了。可以躺下了。

生不知来，死不知去。

渐次地，这光在瞳孔里形成了一条光束，她向前跑去，在更深的地方，她听见了声音，在一条弧线形的小道上，她闻到了初夏栀子花的味道，清新圣洁的味道，占据了她的心灵。一个陡坡，她一脚踏空，扑倒在地，膝盖和手臂，殷殷血迹，她不能动弹，不能继续，她呼救，可是声带是暗哑的。

她来到一片空地上，一张巨大的床，白色的床单如天上的云朵。

他说："二次世界大战要结束了。"

鱼在她的体内摆动着。

她略一呻吟，拽住他的肩道："希望它永远打下去。"

她并不觉得良心上的内疚，为的是可以和他在一起。

她整个的黄金时代都在第二次世界大战中。

她是黑暗中的一朵莲花。

音乐袅袅地飘来，托着她，一个松树林子里，美丽的如同白雪公主的城堡。有几个孩子在碧蓝的天空下，都是她的。

他出现了，微笑着拉她去小木屋。

她忽然羞涩起来，两人的手臂拉成一条直线。

她笑着说："现在的海枯石烂也很快。"

出现了其他的女人，都穿着古希腊的衣服，四个，五个，都是她之前和之后的女人,她加入了这个队伍,她始终没能理解他的某种本质的东西。

大约,是她故意不想看见。

越走越远,简直是荒芜起来,却是停不下来,终于听见一个细细的声音在唤她,珍珠般的声音,那是她的母亲。

张爱玲去世后,作为张爱玲在美国最亲近最可靠的朋友和现场见证人,林式同忠实地执行了她的遗愿。

9 月 30 日,张爱玲生日那天,她的骨灰撒在太平洋里。

故事脆弱而短暂,张爱玲走了。

正如余秋雨在《张爱玲之死》中所说:"她死得很寂寞,就像她活得很寂寞。"

我是"盗墓者",挖掘着她的寂寞。

凄凉平凡,精彩虚无。

一到洛杉矶,即刻联系南加州大学东亚图书馆的研究员浦丽琳女士。

约定第二天上午去南加州大学东亚图书馆的特别收藏馆。

一进门,但见六个箱子,放在推车上,已经贴上"淳子预约"粉红色的标签。

六个箱子,张爱玲美国四十年的文学过往。

坐在图书馆的橡木桌前,一卷一卷地打开张爱玲的文字世界,所有的信件和中文作品,全都是手迹,信封地址也全然手写;电脑的时代,浩浩荡荡而又绵密的钢笔字,如同宫女经年累月做着的绣品。她的字迹恭谨老实,一丝不苟。

打开这些文件,便是寻到了张爱玲美国四十年的行迹,

南加州大学东亚图书馆特别收藏部的六个盒子,收藏了张爱玲的全部手稿。《少帅》《易经》《雷峰塔倒塌》《同学少年都不贱》《海上花列传》以及夏志清与张爱玲的通信原件等重要作品均来自这六个盒子

发表的没有发表的,写完的或者搁浅的。

胡兰成说:"她是个人主义的,苏格拉底的个人主义是无依靠的,卢骚的个人主义是跋扈的,鲁迅的个人主义是凄厉的,而她的个人主义则是柔和,明净。"

她的人生,亦如此。

因为此前有学者在翻阅资料时,将复印的资料私自出版发表,所以,特别收藏馆实行了十分严密的版权保护措施,只能净身进馆,纸和笔也由馆内统一提供。

一个人。

如老僧入定。

偶尔也有其他访者进来，只是一晃，就不见了。

手稿放在牛皮纸袋里面，是张爱玲在邮局买的，上面遗留着张爱玲的指纹和气息。这种气息屡屡使我落泪——我闻到了张爱玲生命的味道。

一页一页翻将过去。

文字是化石，是生物，我在文字间行走的时候，亦是听见了她的声音，是的，是她的声音，那种害怕被别人误解的声音。所以她写作，她是真的不会说话。语言在本质上是苍白的，无法表达出存在的感觉。

时间的尘埃在阳光中飞舞。

我陷落在张爱玲用文字编织的河流里，哗哗哗，听见水声，绵绵无尽。我坐在这儿，重整着一位逝者的作品，虔诚、兴奋。

下午3点多，终于看到《海上花列传》的手稿。抚摸着张爱玲文字的纸，有灼伤的感觉——

那是张爱玲的欲望，是她的体温。她希望最好的文字被世人知道。

我忽然变得什么也说不出来了；即使可以用某种方式说出来，也无法表达我此刻复杂的感受。

一直传说，《海上花列传》英文翻译稿在搬家过程中丢失了。十八年的心血！张爱玲为此还报警。

我现在手里的这份手稿，是失而复得，还是张爱玲误以为丢失了，其实一直都在某个箱子里躲着？

洛杉矶的鸟，在校园里鸣叫，一声声，大军压境的感觉。

为了回答我的疑问，浦丽琳女士开了一个多小时的车，来到学校图书馆。

一张小圆桌，两杯咖啡，伴着加州的阳光，伴着浦女士青衣一般的嗓音，我们如小兵过了楚河汉界，长驱直入。

大约九年前，学者张错以该校图书馆名义，从香港宋淇夫人邝文美处募到张爱玲的资料、文稿。

文稿从香港到达美国加州洛杉矶，朋友闻讯，纷纷趋前猎奇，有的随意翻检几行字，满足了好奇心也就走了；也有有心人，盘桓良久，影印抄录，一阵忙乱。待到移交时，已呈杂乱状。

面对前来接收这批资料的南加州大学东亚图书馆馆长柯兰谷博士(Dr. Kenneth Klein)和浦丽琳，张错抽出复印的相片、中文手稿影印本、书籍、英文稿《少帅》(*The Young Marshal*)等，逐项解说交代。最后，他指着盒底，透明纸包着的英文打字稿道："这是张爱玲没能出版的英文稿，她本来是想用英文写作来谋生，但失败了，无法进入英语文坛。"

据说，存宋淇夫妇处的张爱玲稿件，中文稿件已先被台湾皇冠出版社的人挑走，剩下的就是这些英文打字稿了。

为了向捐赠人邝文美交代，张错要求图书馆尽快开出清单，并举办一个主题展览。

面对零落无绪的两箱资料，柯兰谷和浦丽琳立即启动了专业程序。

柯兰谷从事英文资料搜寻，浦丽琳则从事中文资料搜寻,查看一切有关张爱玲的文章,尤其是与张爱玲有深交的夏志清和宋淇写的文章。

这是一项极其艰苦的工作。

一日,浦女士读到一篇夏志清悼张爱玲文章:《超人才华,绝世凄凉》。文中的一段话,引起了浦丽琳女士的注意:

"那两年在赖氏研究所,爱玲差不多已把《海上花列传》译好了。隔几年信上不时讨论到译稿的问题,她想找经纪人把它交大书局审阅。我劝她把书当学术性的读物看待。加一篇她自己写的导论,我的前言,交哥大出版所处理较妥。她不接受我的建议,后来信,也不提这部《海上花列传》了。有一天止信止对我言,这部译稿搬家时丢了,我听了好不心痛,除了首两章已发表过外,张爱玲三四年的心血全付之流水。"

夏志清这段文字,证实了张爱玲英译《海上花列传》全本的事实,那"好不心痛"和"付之流水"八字,用得沉重,打在浦丽琳心上,给她极大震动。

浦丽琳回到地下室,搬出盛放张爱玲资料的盒子。

她给自己泡了一杯中国绿茶,再次细斟那堆英文稿,读着 Sing-Song Girls 那一叠英文稿时,写法类似中国章回小说,故事亦似曾相识。

浦丽琳的父亲,曾是清华、西南联大、中央大学的教授,她童年的时候,也是厮混在父亲书房里的书虫,博览群书,其中包括《海上花列传》。转身,她寻来中文版《海上花列传》进行对照。

她先看的是第六十四章，觉得眼熟，心中一喜；再将章目揽过来研读，也颇相似，遂逐页相对，字字相似，果然可以两两印证，遂初步认定这部英文稿"大概"是张爱玲的英译《海上花列传》。于是，她在清单上写道：Original English manuscript（probably Hai Shang Hwa）（英文原稿大概是《海上花列传》）。

日后，图书馆馆长写的致谢信中，也用同样的字词说"大概"是《海上花列传》。

他们二人代表南加大图书馆做鉴定，非常谨慎，没有百分之百的把握，不用绝对的词语。

事情没有坐实，心里总也不安。

浦丽琳女士沿着福尔摩斯断案的路径，一遍一遍地寻找可以破案的蛛丝马迹。

一日，浦女士又去翻检张爱玲的手稿。她拿起一个陈旧的棕色牛皮纸封套，上面有淡淡的 C. T. Hsia 字样，是夏志清在哥伦比亚大学用的封套，翻过来，有张爱玲的字迹，在岁月里业已褪色，仔细端详，是"海上花"三个字。便又去读夏志清的文章，循着夏志清提供的线索，找到 1982 年香港中文大学翻译研究中心出版的《译丛》，用张爱玲在《译丛》发表过的两章《海上花列传》，再次进行对照，这才认定，这部无名的译稿，就是张爱玲《海上花列传》的英译。

张爱玲在《译丛》上发表的那两章译文，在用词上，与南加大图书馆收藏的手稿不同。有些章回，张爱玲有多个版本的翻译。浦丽琳女士在一一对照中，感受到张爱玲当年的苦心孤诣和百般斟酌。

1960 年代后期,张爱玲在夏志清教授的帮助下,获得基金,开始英译《海上花列传》,1970 年代初移居美国洛杉矶后,用绣花的功夫,逐字逐句校订,终于在 1983 年将全本《海上花列传》共计二十五万字译毕,译文的第一、二章在香港中文大学翻译研究中心的《译丛》"通俗小说特大号"优先刊载。

张爱玲曾向警方报案,宣称她翻译了近十八年的《海上花列传》英译手稿遭窃失踪。

张爱玲 1986 年 12 月 29 日写给宋淇夫妇的信如斯:"检点东西的时候,发现《海上花》译稿只剩初稿,许多重复,四十回后全无,定稿全部丢失,除了回目与英文短序。一下子震的我魂飞魄散,脚都软了。"

2004 年,张爱玲与夏志清、宋淇夫妇的通信还没有出版,浦女士的研究推断,依靠的是最笨的方法,也是最可靠的方法,那就是一个字一个字地看过去,比对过去。

浦女士认为,南加大图书馆拥有的英译稿,是早期张爱玲翻译工作进程中的《海上花列传》草本,不是她后来在 1980 年代又修润的定稿。张爱玲的定稿是真的丢了。

这个判断,令众人的心再次破碎。

浦丽琳将她的研究结论告诉了柯兰谷博士,同时也电话告诉了夏志清。

夏志清说,张爱玲原来的意思是要将原书的六十四章,改译成六十章的。这更证明浦丽琳发现的六十四章的译稿,是没有完工的译稿。定稿后的译稿应该只有六十章回。

*Sing-Song Girls* 这个英文译名，同中文原著的书名、同原著的内容是有很大距离的。

张爱玲在《译丛》上发表头两章时，将《海上花列传》书名称为：*Sing-Song Girls of Shanghai*（《上海歌女》），没有直译"海上花"三个字。

纸盒中的打字稿，没有中文的"海上花"字样，也没有其他书名，只有零星几个章回夹在一起，其中一页纸上写了"Sing-Song Girls"三个英文词，所以，初始被忽略了。

那六十四章的英译稿中，不少章回是重复的，面对这些重复的译稿，唯一的解释是，为了这一部自己喜爱的苏白小说，张爱玲把肉体关在屋子里，把灵魂交付给了晚清的另一位上海作家韩邦庆。她一遍一遍地修改，可是总也不满意，一本书，竟自翻译了十八年，以至于原先提供给她翻译基金的机构以为她食言、违约。

为了张爱玲，为把这本小说推介给世界文坛，浦丽琳把不同的译稿对照比较，重新选择出她认为较好的译章，连贯起来，并打印制作光盘交给哥伦比亚大学出版社和王德威教授审阅。

浦丽琳女士回忆挑选、甄别张爱玲最好的六十四章译文往事时，只轻描淡写，用"七拼八凑"来形容她在贮藏室中辛苦工作的经历。

又经过几年的繁复工作，多方努力，张爱玲的英译《海上花列传》，经王德威教授协调，2005 年秋由哥伦比亚大学出版社出版。

南加州大学,听特别收藏部的浦丽琳女士讲述发现《海上花列传》英译本的始末

浦丽琳以她的严谨和勤勉,实践了父亲提倡的家训"守拙胜于使巧,力求一心一德"。

浦丽琳说,我们这一代留学生,是有情怀的。

事后有人问张错,知道不知道捐来的文稿中有《海上花列传》?

他答:"宋淇的女儿曾在给我的传真中,提到母亲会捐《海上花列传》,但在一堆纷乱的英文打字纸稿中,一时理不出头绪。谁会想到那一堆英文稿Sing-Song Girls就是《海上花列传》?"

《海上花列传》里描述的上海张园,早已拆得不着痕迹了。只剩得一栋清水红砖的宅子,默然于尘世。

台湾导演侯孝贤将小说改编成电影,主要摄影片场,只能选择在马来西亚。

这部小说能继续活着,张爱玲功不可没。

整理张爱玲译稿、张罗出版的人,功不可没。

"生在这世上，没有一样感情不是千疮百孔的。"

——张爱玲《留情》

这是张爱玲的句子。

张爱玲亦如此。她在人世的每一种感情，都千疮百孔。

张爱玲与胡兰成。

他们结婚，张爱玲只买了一份婚书。潜意识是不相信。

他们做爱，张爱玲的感觉是受刑，是被侵犯，是一只被生擒的小鹿。

他们接吻，惘惘中，门楣上的一只木刻啄木鸟阴沉沉地盯牢他们，一种沉默的威胁。

在胡兰成的书写里，张爱玲是他众多女人中的一个，是一个有贵族血液的妾。为此，他沾沾自喜。

在她和他之间，一条长长的星河中，隔着的是其他的女人。

1950年代，逃亡中的胡兰成回到上海，有人看见他走进国际饭店。彼时，张爱玲住在国际饭店一步之遥的卡尔登公寓。

是约张爱玲？是商讨战后两人的关系和未来？是希冀小团圆，或者四美图？

连带着我们也无从知晓张爱玲日本之行的具体行踪了。她是去见胡兰成吗？因为那时，经过某教授不懈的努力，香港大学已经恢复了张爱玲的学籍，并给了她奖学金。她竟然放弃，说是去日本找工作，其实是去找胡兰成？

从张爱玲和胡兰成的行动路线和日期来看，都是匹配这种猜测的。

温州寻夫。她本来是要胡兰成在她和护士小周之间作一个选择的，不曾料，胡兰成的身边又有了寡妇范秀美，并肩坐在床沿，以夫妻相称；在日本，胡兰成身边不仅有了白相人嫂嫂、吴四宝的遗孀佘爱珍，还有红袖添香的日本女子。

如果这个设想成立，张爱玲是真的被伤害了，"灵魂仿佛过了铁"大约就是这样的感受吧！

张爱玲的情感，充满了悬疑，构成了一部文学史的悬案，虽然《小团圆》已经够彻底，彻底得一个也不放过，但是没能说出来的，无法说出来的，还是超出了张爱玲的勇气，超出了张爱玲的文字文本。

张爱玲一生的三个男人,都可视作乱世情缘。

一是清朝遗少、对她实施家暴的父亲。其次是把她看作"小妾"的汉奸胡兰成。最后是"又穷又老"晚年各种"失禁"的第二任丈夫赖雅。

她与母亲,也是爱恨怨尤,不得释怀。

弟弟,因为总也长不大,又承袭了晚清遗民的某些不合时宜的脾性,索性老死不相往来。

可幸的是,她性格虽然孤绝,不近人情,却得到几乎跟她无亲无故的老男生、小男生以及女生们的倾心倾力地照顾。套用旧小说的语言,夏志清先生是她的"恩公",替她奔走书稿合同、版税的事宜,特别是在中国文学史上给她留有重要一席。如此恩惠,夏先生从未敢居功。

学者庄信正,就如她的秘书或办公室主任,替她跑腿找房子,找工作,寄书寄报纸,搬行李,还委托同学照顾她,直到她去世,都是无偿的,不求回报的。香港的宋淇夫妇更是雷锋升级版,任劳任怨。

闺蜜炎樱,出现在张爱玲的每一个生活节点。

经典电影《欲望号街车》里,费雯丽饰演布兰琪,在爱情和财富双重的瓦解下,她崩溃了。当她被送进精神病院时,有一句锥心的台词:"我总是依赖陌生人的慈悲。"

素昧平生的人,给予了张爱玲悲悯和高尚的帮助。

这是她的才华换来的。

## 偶像胡适

1932 年，十三岁的张爱玲，上海圣玛利亚女校的初中生。放假，她经常光顾父亲书房。

父亲看了胡适的考证买回来一本《海上花列传》，被张爱玲看到，硬缠着家庭教师朱先生用苏州土话（吴语）朗读书中妓女的对白。朱先生无奈，只得捏着喉咙学女声照读，张爱玲和弟弟边听边大笑不止。从此，张爱玲痴迷上《海上花列传》。

有一次，张爱玲破例要了四元钱买了也是胡适考证过的《醒世姻缘传》，结果弟弟拿着舍不得放手。做姐姐的大致已经知道了些眉目，便慷慨地给弟弟先看一二本，自己从第三本看起。好几年后，张爱玲在日军轰炸香港的时候当防空员，驻扎在冯平山图书馆，发现有一部《醒世姻缘传》，马上得其所哉，一连几天看得抬不起头来。房顶上装着高射炮，成为轰炸目标，一颗颗炸弹轰然落下来，越落越近，她只想着至少等我看完了吧。

张爱玲的姑姑有个时期跟张爱玲的父亲借书看，后来因为张爱玲的原因，兄妹二人闹翻，不来往了。张爱玲的父亲有一次忸怩地笑着咕噜了一声："你姑姑有两本书还没还我。"张爱玲的姑姑也有一次有点不好意思地说："这本《胡适文存》还是他的。"

张爱玲的母亲和张爱玲的姑姑早年跟胡适同桌打过牌。战后报上登着胡适回国的照片，笑容满面，像个猫脸的小孩,打着个大圆点的蝴蝶式领结,张爱玲的姑姑看着笑了起来说:"胡适之这样年轻!"

这真是毫不含糊的一家子胡迷。很多年后,张爱玲在《忆胡适之》一文中,饶有兴味地铺陈了这段家传。

1955 年 11 月,张爱玲到达纽约,这是她喜欢的城市,这里充满活力和机会,也和上海更相近。

她要去拜码头——胡适先生。

她希望胡适是一座桥梁,帮助她抵达文学的彼岸。

她清高,不说出来,在赴美之前,只是把自己的书《秧歌》等寄给胡适,也在机缘巧合的时候,表明了自己显赫的家族背景。

1955 年的大年初二(1 月 25 日),纽约曼哈顿区八十街一座普通的公寓内,年过花甲的胡适在这个全球最富庶的城市读着一本关于饥饿的故事《秧歌》。这已经是第二遍在看了,他看得非常仔细。

小说作者的文笔是那样的细腻,人情烘托竟每每使人泪盈于眶。当写那忍不得饿的顾先生,背人偷吃镇上带回来的东西,又怕给别人看见时,作者如此描绘他的心理:"从来没注意到(小麻饼)吃起来哼噌哼噌,响得那么厉害",这真是让苦涩的人也忍不住地笑出声来。在此之前,胡适好像还没有读到过这样细致入微的小说。

当天的日记里,胡适道:"我读了这本小说,觉得很好。后来又读了一遍,更觉得作者确已能做到'平淡而近自然'

的境界。近年所出中国小说,这本小说可算是最好的了。"

张爱玲在 1954 年 10 月 25 日写给胡适的首信上说:"很久以前我读你写的《醒世姻缘》与《海上花》的考证,印象非常深,后来找了这两部小说来看,这些年来,前后不知看了多少遍,自己以为得到了不少益处。"

胡适读了这几句话,又读了《秧歌》,非常欣慰而高兴。他给张爱玲回信写道:"如果我提倡这两部小说的效果单止产生了你这一本《秧歌》,我也应该十分满意了。"

张爱玲在 2 月 20 日回了信。遵照胡适的意思,寄上了五本《秧歌》,小说集《传奇》(1945 年写成,1954 年在香港再版),香港盗印版的《流言》,还有一本《赤地之恋》的英文本。

1955 年深秋,胡适就在纽约自家公寓的客厅里见到了这个不凡的女子,她与炎樱同来。张爱玲天然地有一种拒人于千里之外的气质,反倒锡兰女孩炎樱,甚是活泼,胡适与江冬秀都很喜欢她,竟至于聊得很开心。

出于礼貌,胡适在 11 月 10 日回访了张爱玲。这次他意外地发现,他祖上和张爱玲家,竟然是世交。

1955 年 11 月 10 日,胡适日记如下:

Called on Miss Eileen Chang(拜访张爱玲女士)。

张爱玲,"author of"《秧歌》(《秧歌》的作者)。

始知她是丰润张幼樵的孙女。

张幼樵(佩纶)在光绪七年(1881 年)作书介绍先

父（胡传，字铁花）去见吴愙斋（大澂）。此是先父后来
事功的开始。

　　幼樵贬谪时，日记中曾记先父远道寄函并寄银二
百两。幼樵似甚感动，故日记特书此事。（《涧于日
记》有石印本）。


　　拜访胡适后，机灵的炎樱就跑出去打听，然后冲张爱玲
嚷道："喂，你那位胡博士不大有人知道，没有林语堂出名。"
　　那时，寓居纽约的胡适早已从大使的位置上卸任下来，
赋闲在家，正艰难地度过他一生最潦倒的时期。感恩节到
了，胡适主动打电话邀请张爱玲赴宴，哪知张爱玲和炎樱刚
从一位美国女士家里吃饭回来，说是"一顿烤鸭子吃到天
黑"。回来的路上，二人许是很高兴纽约的夜景像极了晶莹
可爱的上海，在新寒之中说说笑笑，吹了风，刚回到家里，张
爱玲就吐了。
　　既然如此，胡适也就作罢。也许胡适并不是单单请客，
而是意图通过感恩节的火鸡，让张爱玲认识纽约圈子里的
重要人物。
　　张爱玲经常错过重要的饭局。
　　中国人的饭局不仅是吃，还是社交。
　　没有饭局，就没有社交，没有社交就没有圈子，没有圈
子就没有人力资源，没有人力资源就难以成就方圆。也许
换作别的女子，即便是身体不适，也是要硬撑着坚持的。张
小姐单纯，不懂山水。

没有假设，命运这样安排了这次错过。

胡适对张爱玲始终保持初见的陌生。

后来，胡适听说张爱玲住进了纽约八十七街救世军办的职业女子宿舍，便前去探望。救世军是以军队形式组织管理的慈善公益组织，宣传基督教信仰。管事的老姑娘都称中尉、少校。里面收容了一些打算终老的胖太太、醉鬼流浪汉、病恹恹的老人，还有初来乍到只认识胡适的张爱玲。就这样的住处，也是仰仗炎樱的介绍。

胡适在张爱玲的引导下，走进大而无当的客厅，一架钢琴，几把旧沙发。胡适一路四面看着，也满口说好，不像是敷衍。

临走，胡适在台阶上伫立。大约是被街对面苍茫的河面打动，脸上有凄然。这苍凉恰也是张爱玲小说中最常见的底色。

十三年后，对那晚的胡适，张爱玲这样描写：

"他围巾裹得严严的，脖子缩在半旧的黑大衣里，厚实的肩背，头脸相当大，整个凝成一座古铜半身像。我忽然一阵凛然，想着：原来是真像人家说的那样。而我向来相信凡是偶像都有'粘土脚'，否则就站不住，不可信。……我也跟着向河上望过去微笑着，可是仿佛有一阵悲风，隔着十万八千里从时代的深处吹出来，吹得眼睛都睁不开。"

典型的张风张调。

胡适无从知晓，张爱玲的美国梦是要与林语堂一样红遍美国，他更无法预设的是，十个月后，张爱玲第二次来纽约,是与六十五岁的末路文人赖雅(Ferdinand Reyher)结婚和堕胎。

1956 年 3 月,张爱玲离开纽约,搬到新罕布什尔州的"麦克道威尔文艺营"。后来她曾两次写信给胡适请求为其申请写作基金做担保人:一次是 1956 年 9 月申请古根海姆及尤杰伍·萨克斯顿基金会基金,一次是 1958 年 3 月申请南加州亨廷顿·哈特福基金。胡适均欣然同意,第二次做保时顺便把当年收到的《秧歌》寄还给了张爱玲。书中通篇圈点过,又在扉页上题字,张爱玲拿到这本书时,胡适正离开寓居八年零八个月的纽约回台北,就任"中央研究院"院长一职。张爱玲看到这本经胡适反复翻读批阅过的《秧歌》,站在原地,"实在震动,感激得说不出话来,写都无法写"。

四年以后,张爱玲有机会翻译《海上花列传》。这时,她才猛然警觉自己实际上是把胡适当作一种传统来倚靠的。然而,难抑悲凉的是,如今这个传统真的不在了。"早几年不但可以请适之先生帮忙介绍,而且我想他会感到高兴的……往往一想起来眼睛背后一阵热,眼泪也流不出来"。

历史还是别有深意的。

**闺蜜炎樱**

因为张爱玲,炎樱才成为一个众人瞩目的人。

炎樱后来也从日本来到美国,并同张爱玲一起拜会过胡适先生。炎樱于 1997 年 10 月在美国去世,晚于张爱玲两年。可惜没人在炎樱生前进行"抢救性发掘",使得这么个资料库湮没无闻。我们见到的资料,唯有《张爱玲与赖雅》的作者司马新在旧金山见过炎樱。

1995年秋天张爱玲去世后,司马新打电话给她,说不幸有个坏消息要报告,她马上猜到了,当下在电话那端饮泣起来。

炎樱,见证张爱玲人生每一个里程碑时刻的闺蜜,从什么时候起,在张爱玲的情感中,戛然而止了呢?

为什么?

小说《同学少年都不贱》里的恩娟和赵珏便是炎樱和张爱玲?

恩娟早年在上海,两人从中学一直到大学,都是同学。两人又去美国。

在美国,恩娟也曾访问赵珏。

恩娟嫁得也好,生活一直富裕。

现实中炎樱,与恩娟的状态相似。

张爱玲写炎樱——

"炎樱的大姨妈住在南京,我到他们家去过,也就是个典型的守旧的北方人家。炎樱进上海的英国学校,任prefect,校方指派的学生长,品学兼优外还要人缘好,能服众。我们回到上海进圣约翰大学,她读到毕业,我半工半读体力不支,入不敷出又相差过远,随即辍学,卖文为生。"

张爱玲的《十八春》,有关南京的片段和场景,便取之于炎樱家族。

炎樱可爱。她去犹太人的店里买东西,讨价还价,把钱包翻给老板看,说:"你看,没有了,全在这儿了,还多下二十元,我们还要吃茶去呢。专为吃茶来的,原没想到要买东西,后来看见你们这儿的货色实在好……"

张爱玲写道:"店老板为炎樱的孩子气所感动——也许他有过这样的一个棕黄色皮肤的初恋,或是早夭的妹妹。他凄惨地微笑,让步了。'就这样吧。不然是不行的,但是为了吃茶的缘故……'他告诉她附近哪一家茶室的蛋糕最好。"

这位炎樱,又名驀梦,即吃梦的小兽,这是张爱玲为她起的名,可见对她的爱意。她姓摩希甸,父亲是阿拉伯裔锡兰人(今斯里兰卡),在上海开摩希甸珠宝店,《色·戒》里描述的那个珠宝店,就是炎樱父亲的家业。她母亲是天津人,所以她有一半中国血统,她在香港大学与张爱玲同窗,在张爱玲的早年生活里,炎樱是非常重要的一个人。

张爱玲的散文《气短情长及其他》里有她:

"有一位小姐说:'我是这样的脾气。我喜欢孤独的。'驀梦低声加了一句:'孤独地同一个男人在一起。'"

"驀梦说:'许多女人用方格子绒毯改制大衣,毯子质地厚重,又做得宽大,方肩膀,直线条,整个地就像一张床——简直是请人躺在上面!'"

刻薄又机智。

在《双声》里,她和张爱玲从俄罗斯与日本的民族文化,谈到死去时要穿什么样的礼服,两人灵感频发,显见得是无须多言却又言之不尽的灵魂伴侣。

张爱玲的《传奇》再版时，炎樱给她画封面。

"炎樱只打了草稿。为那强有力的美丽的图案所震慑，我心甘情愿地像描红一样一笔一笔地临摹了一遍。"

"震慑"和"心甘情愿"，都是用得很重很浓的词。

但是后来，书再版的时候，张爱玲把这段活色生香的语言删除了。

张爱玲死后出版的《小团圆》，关于炎樱的文字耐人寻味。

《小团圆》是一本"狠辣"之书，张爱玲一路写下去，披荆斩棘，左右厮杀，绝不手软——从父母到姑姑、弟弟、胡兰成、赖雅、桑弧，连她自己，一个都不放过。炎樱，在小说里称为"比比"。日军轰炸香港时，盛九莉（张爱玲）差点被炸死，劫后余生后想：

"告诉谁？难道还是韩妈？楚娣向来淡淡的，也不会当桩事。蕊秋她根本没有想起。比比反正永远都是快乐的，她死了也是一样的。"

对闺蜜，如此评价，可说是冷酷了。

比比有盛九莉没有的女性特质，她漂亮活泼，追求者甚众，如钱锺书在《围城》里说的，她握着一把男朋友在手里玩。

1952年，张爱玲离开内地来到香港，她一度前往日本与炎樱汇合，以为是赴美的快捷路径，三个月后无功而返。但炎樱在日本显然过得不错，张爱玲曾对她后来的知己邝文美说：

"无论谁把金钱看得重，或者被金钱冲昏了头——即使不是自己的钱，只要经过自己的手就觉得很得意，如炎樱在日本来信说'凭着自己的蹩脚日文而做过几 bilions（数以十亿）的生意'——我都能明了。假如我处在她的位置，我也会同她一式一样——所以看见一两个把金钱看得不太重的人，我总觉得差异，而且非常佩服。"

字面之后，有辛辣的讽刺。

主场的变换，张爱玲和炎樱两人的地位逆转。

早年在大陆，张爱玲有显赫的家世背景，炎樱仰仗张爱玲得以结识名流，在给朋友的信里，炎樱描述张爱玲的风光，说："你不知道现在同爱玲一块出去有多讨厌……一群小女学生跟在后面唱着'张爱玲！张爱玲！'，大一点的女孩子回过头来上下打量。"连外国人都上前求签名。炎樱因此也有了作家梦，并且当真试做了几篇小文，张爱玲热心地帮她翻译成中文。

在美国，张爱玲不为人所知，生活能力又差，昔日风光逐渐式微。

炎樱一到日本就有船主求婚；在纽约，也是倚仗炎樱的人际关系，张爱玲才得以进入救世军办的贫民救济所。也是炎樱陪张爱玲去拜访胡适。

张爱玲怀孕，在堕胎违法的环境里，炎樱侠女一般，为张爱玲寻找可靠的医生。

张爱玲是女神，无法适应世俗的生活，而炎樱是世俗社会的精灵，顺风顺水。在张爱玲的笔下，炎樱成为她的闺蜜，是她"对朋友期望不大"的产物，她还曾跟邝文美说："'宗教'有时是扇方便之门。如炎樱——她固信教，不说谎，可是总有别的办法兜圈子做她要做的事。我觉得这种'上帝'未免太笨，还不容易骗？"

她看透又说透之间，很高冷。

1980年代，经历了赖雅之死、词语事件、虱子事件、垃圾事件，她的灵魂和身体都已疲惫。时间不够用，精力不够用，感情不够用，炎樱则还是生机勃勃。炎樱的洋洋得意，刺激也伤害了张爱玲的自尊。

张爱玲给邝文美的信里写道："Fatima（炎樱英文名）上月结婚，自纽约寄请帖来，对象不知道是个医生还是博士，我也没查问，大家都懒得写信。"

事实上，是她更懒得写信。

据宋以朗先生介绍，炎樱曾经给张爱玲写了好几封信，张都未予回复。

炎樱在某封信的开头说："我不知道我做错了什么，使得你不再理我。"

看到这句是不是挺伤感？无缘无故地就被少年时的好友甩了，甚至连解释反省的机会都不给。可是接下来，炎樱又开始夸耀她挣了多少多少钱，全然不顾张爱玲当时灰暗的心情。

不是所有人，都能原谅朋友的得意洋洋的炫耀，张爱玲对这一点尤其反感。她曾写她小时候刚到上海时，给她天津的玩伴写信,描写她的新家,写了三张信纸,还配了插图。"没有得到回复——那样粗俗的夸耀,任是谁也要讨厌的吧?"

1992 年,炎樱给孀居多年的张爱玲写信:"你有没有想过我是一个美丽的女生? 我从来也不认为自己美丽,但 George(炎樱丈夫)说我这话是不诚实的——但这是真的,我年幼的时候没有人说我美丽,从来也没有——只有 George 说过,我想那是因为他爱我……"

我想象张爱玲看到这封信时的反应,是啼笑皆非呢,还是在心里说,真是受够了!

炎樱的夸耀,只是一种单纯,或者是一种幽默,或者是在与闺蜜说私房话,这也是她讨人喜欢的地方。

1995 年底,她对采访她的司马新说,她又要做新娘了,并且用中文夸奖自己"好厉害"。

张爱玲知道自己不会做人,大小姐没有功夫修这个经。

中年的张爱玲,早已失去了生命本身的喜悦,只有沉重的经济枷锁和美国梦的幻灭。对炎樱,亦是懒得联络了。

### 遗嘱受益人宋淇和邝文美夫妇

他们都出生于好人家,毕业于名牌教会大学,是作家、翻译家、评论家、虔诚的基督徒;女的是温婉善意的端庄名媛,男的是风雅正直的绅士。这对夫妇,除了各种经得住考验的美德,对张爱玲的种种麻烦和误解,均以博爱、仁厚和宽容待之。

1955 年,张爱玲离港赴美,她在给邝文美写的第一封信提及宋淇夫妇转身离去时,她心里轰然一声好像天塌下来一样,喉咙被堵住,眼泪流个不停。之前张爱玲也曾为炎樱落过泪,但那是她和炎樱约定一道回上海,炎樱却撇下她先走了。

张爱玲在这封信里还说:"我绝对没有那样的妄想,以为还会结交到像你这样的朋友,无论走到天涯海角再没有这样的人。"

两个月后,她给邝文美的信里又写道:"Fatima 并没有变,我以前对她也没有幻想,现在大家也仍旧有基本上的了解,不过现在大家各忙各的,都淡淡的,不大想多谈话。我对朋友向来期望不大,所以始终觉得,像她这样的朋友也总算了不得。不过有了你这样的朋友之后,也的确是宠坏了我,令我对其他朋友都看不上眼。"

1950 年代中,那时电影界的"天皇巨星"李丽华慕其名,属意张爱玲写剧本。宋淇先生安排一个精致的下午茶。李丽华精心打扮,盛装出席。张爱玲迟到,见了面,也冷冷的,不待寒暄,点心也不曾品尝,转身就告辞了。

关于这一段友情,笔者只想学《红楼梦》,下一个判词:如若没有宋氏夫妇的运作,张爱玲重回中文文坛,或将是一个艰涩、遥远的行程。

怕见人迹如此,却与宋淇夫妇保持了终生的交往,于张爱玲,仅此一例。

宋淇夫妇成为张爱玲遗嘱受益人,是他们的福报。

## 恩公夏志清

不可否认,夏志清教授是张爱玲的恩人。

没有他,张爱玲不可能进入中国文学史,不可能归档,不可能有后半生与文学的再次艳遇。

1944 年,夏志清在上海与张爱玲初会。

是暑假,沪江大学同学章珍英家的客厅。

夏公描述:"张爱玲那时脸色红润,戴了副厚玻璃的眼镜,形象同在照片上看到的不一样……张爱玲穿的是一袭旗袍或者西服,站着说话,笑起来好像给人一种缺乏自信的感觉。"

他们的通信始于 1961 年 3 月,张爱玲收到夏志清寄给她的英文初版《中国现代小说史》。

刚开始时,信件一来一往很正常。后来,尤其在张爱玲生命最后几年,张回信拖延,不回信,去了无数封信后等几年才收到一封回信。夏志清非常理解她,原谅她,一如既往地给她写信。把张爱玲的每一封回信都妥善保存。

夏志清说:"我写每封信主要让爱玲得到些帮助、鼓励和友情的温暖,这些目的当年拆阅时可能即已达到了,信件之弃存就无关宏旨了。"

宋淇夫人邝文美在张爱玲遗物中找到了十六封夏志清给张爱玲的信。

1987 年 6 月 27 日的一信中有这么一段:

"今年明报月刊正月号登了你的中篇《小艾》,很轰动,同时联副、世副曾连载过，我想台港美所有的张迷都在年初看了这篇你的旧作。《联副》有你的地址，希望早把稿费寄你了。若未，你自己也不妨去问一声。月前有机会同张健波通信，因此连带问一声，《小艾》稿费已寄张爱玲否。回信他说没有你的通讯处，稿费至今存于会计处。我因之回信建议，他同我各写一信，希望 one of us 得到你的回音，再按指示把稿费寄上。你不怕陌生，同张君通信也好，希望你获到你应得的 income。"

张健波那时是《明报月刊》总编辑。

夏先生看到她小说在《明报月刊》刊出，就关心她的稿费问题。他写信给张健波先生询问张爱玲稿费事宜。为了张小姐，已经顾不得礼数了。担心张小姐不好意思说钱的事，他还提议两人各写一信，希望其中一人得到张小姐的回音。真正侠义人士。

张爱玲初来美国时，一直希望以英文著作打进欧美市场，像林语堂一样过风光生活，可惜她小说的题材和人物不合英美市场口味，生活经费出现缺口。《秧歌》的英文版，1955 年由极有地位的查尔斯·斯克里布纳之子（Charles Scribner's Sons）公司出版，也是仅此一次，再没接受她的其他作品。她把脱胎于《金锁记》的《粉泪》（Pink Tears）改投到也是大公司的诺夫出版社（Knopf）。诺夫的退稿信写得极不客气："所有的人物都令人反感。如果过去的中国是这样，岂不连共产党都成了救星。我们曾经出过几部日本小说，都是微妙的，不像这样 squalid。我倒觉得好奇，如果这小说有人出版,不知道批评家怎么说。"

《北地胭脂》经多家公司退稿后,张爱玲请夏先生代她找几位"批评家与编辑看看",特别指名要找的一位是夏先生在哥大的同事日本文学教授唐纳德·金(Donald Keene)。

1960年代初,夏先生是哥伦比亚大学东亚系的终身教授,时有新的学术著作问世,声誉日隆。受了张爱玲所托,不得不替她"跑腿",与根本无任何业务关系的日本文学教授应酬。

唐纳德·金是美国学者当中推介日本文学的大功臣,跟多家出版公司的关系密切。张爱玲特别点名请夏先生找他看稿,不是没有理由的。夏先生只好"硬着头皮"照办。唐纳德·金也"居然"把《北地胭脂》看了,还写了评语,可惜"反应并不太好"。

1966年夏天,夏志清在台北初识皇冠出版社老板平鑫涛。夏先生说:"我们可以说,我同平鑫涛的初次会谈,解决了张爱玲下半生的生活问题。爱玲只要我'全权代办'有关《怨女》的'连载与出版单行本事',但那次会谈,我显然向鑫涛兄建议为张爱玲出全集的事,而他必然也赞同,且答应在稿费和版税这两方面予以特别优待。"

1983年2月4日张爱玲写信告诉夏先生:"这些年来皇冠每半年版税总有两千美元,有时候加倍,是我唯一的固定收入。"

替人办事、急人之急是古风。

夏志清对她的照应可说无微不至。

他们认识三十多年，但只见过两三次面，且是集体活动，来去匆匆。一直秉持君子之交。

张小姐身体不好，如林妹妹，风还没吹，已经感冒，成日病恹恹的。夏公就建议她服用高单位的维生素 C 和 E。她牙齿常出毛病，他不厌其烦地、委婉地告诉她现在有一种电动牙刷，消除"牙斑"（plaque）很有效，大的药房有售，不妨买一支试用。

夏志清自跟张爱玲订为笔墨之交后，前前后后为她跑了二十多年的腿。她以难民身份移民美国，嫁了老年多病的"过气"作家赖雅，生活极为拮据。赖雅家无恒产，逝世时拿的社会福利金是五十二美元，连交房租都不够。张爱玲在丈夫生前死后的生活开支，靠的都是自己。开始时为香港好友宋淇服务的电影公司编写剧本。1960 年代中，她得到夏志清穿针引线，拿到基金会的津贴翻译《海上花列传》。两年后约满，又靠夏志清推荐工作。

夏志清说："由我推荐，张爱玲 1967 年 9 月抵达麻州剑桥，在赖氏女子学院所设立之研究所专心翻译晚清小说《海上花列传》。她离开华府后，先在纽约市住上一两个月。我首次去访她，於梨华也跟着去，三人谈得甚欢。我说即在她公寓式旅馆的附近，有家上海馆子，周末备有小笼包子、蟹壳黄等点心，要不要去尝尝。爱玲有些心动，但隔一两天还是来电话邀我到她公寓房子去吃她的牛乳饼干红酒。显然她对上海点心兴趣不大，而且对我的洋太太、女儿长相如何，一无好奇心。爱玲离开纽约前，我又去看她一次，实在请不动她吃饭，或到第五大街去看看橱窗。"

"之后，张赴伯克利加大中国研究中心去研究中共术语。此项研究计划当时由陈世骧教授主持。但世骧兄嫂喜欢热闹，偏偏爱玲难得到他家里去请安，或者陪他们到旧金山中国城去吃饭。她也不按时上班，黄昏时间才去研究中心，一人在办公室熬夜。"

见过比张爱玲更孤僻的人吗？

大约就是画家凡·高了。

董桥的一篇散文《和杨老板聊天》，提到张爱玲，"杨老板说那次全仗友人带去见张爱玲谈出书的事，谈不成，隐约记得她很瘦，飘来飘去不怎么说话，如此而已。我在上海报上当然也读过她的文章，年少不记得了。横竖张小姐冷冷的过了一辈子，跟人家打个招呼也许她都嫌烦"！

余也鲁先生的《夜记香港百天》写张爱玲，"那时穿旗袍，平底便鞋，不施脂粉，走路轻如燕，几乎一点响声也没有便已走到你身旁。那是她在女青年会写《秧歌》的年月。几个月不听电话不见人；然后突然像影子般走到你的身边，一堆稿纸，散乱，边多磨折"，脸上露出无辜浅笑；就如《胭脂扣》里的女鬼如花，轻轻盈盈，绵绵软软，一扭腰肢，一低头，悄然离场。

张爱玲天性孤独。老来因为无爱，更是变本加厉，遗世傲霜，一朵冷艳的梅花，奇倔地，挂在老枝上。

夏志清对张爱玲的友谊不显山不露水地藏在信中。

张爱玲也矜持地求人，求完了，又觉得叨扰，信的末尾最常见的是"请不要特地回信""请不要特地写信为我"。夏志清不善求人却硬着头皮都去帮张爱玲做了。张爱玲数度提出要给夏志清 commission（佣金），夏志清猜测她"不习惯用中文谈金钱出入的事情"，只用英文"大方些"，当然自己是"不会拿她一分钱的"。

张爱玲越到晚年越孤僻，来信经常嘱咐"不要把地址告诉其他人"，尤其是"虫难"不断地搬家期间，更新地址时都要强调一句。有了电话之后更惶恐，嘱咐不要把电话外泄，自己不爱接听陌生人电话云云。

夏志清在回信中谨慎友好地提出可否讲讲电话："上次你给了我你的电话 number（号码），我还是没有动用。真有些后悔。电话上讲几句话，也蛮有意思的，比读朋友来信味道不同。If you are still in the mood（如果你还有兴致），请把新号码给我。"显然是想通话以开解、宽慰张爱玲。

张爱玲对此的回复是："住址保密到 paranoid（偏执）程度，根据电话号码也可以查得出来，只好号码谁都不告诉。也没心肠打电话谈天，看你的《评论集》就行了，你的文章都 personal（个人）气息很浓。"

如此拒绝了。

1988 年 4 月 6 日，张爱玲给夏志清的信写道："天天上午忙搬家，下午远道上城（按：主要去看医生），有时候回来已经过午夜了，最后一段公车停驶，要叫汽车——剩下的时间只够吃睡，才有收信不拆看的荒唐行径。直到昨天才看了你1985 年以来的信，相信你不会见怪。"

"过去有一年多接连感冒卧病,荒废了这些日常功课,就都大坏。好了就只顾忙着补救,光是看牙齿就要不断地去两年多。迄今都还在紧急状态中,收到信只看账单与时限紧迫的业务信。你的信与久未通音讯的炎樱的都没拆开收了起来。"这封信 1995 年 5 月 2 日写的。同年 9 月 8 日,张爱玲去世。

夏志清说:"1955 年来美后,年年都有一份薪水或奖金,供爱玲写作、翻译、研究之用。1971 年秋季搬居洛杉矶后,她再也不去申请一笔奖金,找一份工作。身体一年一年转坏,不说上班工作,能对付日常生活之需求——买菜、付账、看医生、打电话——就把她累坏了。"

"在洛杉矶住了几年之后,不仅感冒照旧,牙齿也永远看不好。骨头脆弱,不小心手臂就断了。最可怕的,爱玲添了一种皮肤病,而且觉得屋子里到处是跳蚤,身上永远发痒。为了逃避'虫患'(张语),她就不断要搬家,每次遗失、丢掉些东西。"

有人问夏志清:"你喜欢过张爱玲吗?"他说:"我没有,我是可怜她。"

张爱玲不习惯与人接触,但心中对夏的"知遇之恩"是怀着感激之情的。张爱玲在 1967 年 5 月 14 日写给夏的信中说:"千万不要买笔给我,你已经给了我这么多,我对不知己的朋友总是千恩万谢,对你就不提了,因为你知道我多么感激。"

夏志清对张爱玲的婚姻和家庭生活,扼腕叹息。司马新在《张爱玲与赖雅》一书中,认为赖雅对张爱玲的幸福也很关怀。夏志清不同意,他质问道:"他有无把已中风多次,两年前还住了医院之事在婚前告知爱玲。假如他把此事瞒了,我认为是非常不道德的。……张于婚前即已怀了孕了,赖雅坚决要她堕胎,我认为他不仅不够温柔体贴,且有些残忍霸道,同她的父亲一样损害了她的健康。张爱玲瘦瘦的体型我们在照片上看得多了,不会把她同生男育女联想在一起的。但怀了孩子,身体里的荷尔蒙起了变化,胃口好,体重也跟着增加,身体从此转强也说不定。"

"爱玲童年时是胖嘟嘟的,十八岁父亲把她关起来,虽不能说在她患痢疾后,心硬得坐死不救,但爱玲从此身体虚弱,甚至晚年那些病症都可溯源到那次灾难。她的第一任丈夫伤了她的心。第二任丈夫在婚前剥夺了她做母亲的权利和乐趣,而且因堕胎而'在纽约病得很重',引起麦克道威尔营友的关心。张爱玲生命里最重要的三个男人都是对不住她的。"

张爱玲研究成为显学后,夏志清不居功,不自美,亦不拿张爱玲的隐私卖钱。直到2013年,他自知来日无多,才出版了《张爱玲给我的信件》,其中共刊出一百零三封张爱玲的信件、卡片。

《孤岛》
——张爱玲美国四十年舞台剧

人物表：

女作家　张爱玲

张爱玲闺蜜　炎樱

（以下人物均以画外音出现，或者出现在侧幕）

张爱玲第二任丈夫　赖雅

哈佛大学教授　詹姆士·莱昂

哈佛大学教授　夏志清

台湾某报社女编辑　李季

台湾皇冠出版社女编辑　张安妮

[第一场]

美国洛杉矶

张爱玲公寓。人淡如菊的布局。

石榴裙风格的小阳台，临街的落地大窗。

开放性厨房。

落地镜子，底部描绘着玫瑰花丛。

一张席梦思的床垫直接铺在地上，一块浅蓝色的毛毯。

铜质落地灯，三排灯泡。

天幕上垂挂巨幅照片，依次：外曾祖父李鸿章，祖父张佩纶，祖母李菊耦，父亲，母亲，姑姑，弟弟，继母。

张爱玲青衣身段袅袅上场。是中年，却又是完全没有年龄的界限，世故和纯真如此和谐地并存着。

穿一件祖母留下的清朝大镶大滚的袄，下摆处露出一截宝蓝色旗袍，一双平金牡丹戏凤绣花鞋，头发极短，一副玳瑁鹅黄色眼镜，手托一壶茉莉香片，唇上一抹香奈儿的殷红。

搁下茶壶，拧亮落地灯，居室瞬间灿烂辉煌。

她在镜子前顾影自怜，选出一副翡翠耳环，比画了一番，放下，又拣起一副硕大的蓝宝石耳环，一一用心地戴上。

**张爱玲**：对于不会说话的人，衣服是一种语言，随身带着的一种袖珍戏剧。（用手帕托着茶壶，斟茶，啜了一口。迈着碎步，跟着梆子，读着纳兰性德的词）"风淅淅，雨纤纤。难怪春愁细细添。记不分明疑是梦，梦来还隔一重帘。"（放下窗帘，把灯拉到李鸿章的照片前）自小，我就被认为是天才。这是我们家族的基因吧。我的祖上，李鸿章，晚清四十年的历史，每一页都有他的签名。父亲和姑姑说起他的名字,都故意压低了嗓子。他是一个裱糊匠,糊一个千疮百孔的大清王朝,就连他女儿的婚姻,也就是我奶奶的婚姻,也是他亲手糊的一盏纸灯笼。(挪步到张佩纶和李菊耦的照片前,叙述的口吻里,偶尔掠过一丝嘲讽的意味)我爷爷张佩纶,也是清朝著名的大官,喝饱了酒就写奏折,反腐败,弹劾官员,奏一个倒一个,满朝官员,怕他,也恨他。他主战。中法海战,大清的海军一败涂地。传说他是顶着铜脸盆逃出来的,从此被贬。李鸿章爱才,把他招为幕僚,还把自己的千金许配给他做填房。可怜我奶奶,多美的一个人儿呀,(手指轻轻抚摸照片上奶奶的樱桃唇)嫁给我爷爷做填房时,她二十三岁,爷爷四十岁,还有肝病。听说李鸿章心疼女儿,派人漏夜送大闸蟹。于是,我爷爷和奶奶月下温酒煮诗。(弯身从箱子里拿出一个绣花荷包,梳理着穗子)这是我的奶奶留下来的荷包。看看这女红,貌似漫不经心地描龙绣凤,其实,针针线线都刺在了心尖上。心碎了,是会淌血的。荣耀的背后总是悲剧。李鸿章是一个巨大的悲剧。

握着荷包,如握着晚宴包,在镜子前,浅浅慢慢,如同《天方夜谭》里讲故事的女人;她来到奶奶李菊耦中年的相片前。

**张爱玲:**我奶奶三十几岁就守寡,还没有来得及绽放却已是老了。姑姑说,春天,海棠开的时候,奶奶扶着丫鬟的肩头,一步三摇,去院子里看花。她身上有痣,一朵一朵,如桃花的芯子。她身边的丫鬟说,老太太那个省哦,连手纸也省,担心坐吃山空。命运就是这样防不胜防,她的防卫又是这样微弱可怜。我没有赶上看见他们。他们只静静地躺在我的血管里，等我死的时候，他们再死一次。我爱他们。（把荷包轻轻按在心口）

　　电话铃声，转答录机。

　　**詹姆士·莱昂**：赖雅太太，您好！我是哈佛大学的教授詹姆士·莱昂，正在研究您丈夫赖雅与德国戏剧家布莱希特在美国的交往经历。我们电话里约好，今天上午来访问您的。您在吗？

　　**张爱玲**：（对着电话的方向，昆曲念白的方式）张爱玲不在！不在！

　　我改主意了。

　　今天我有更重要的事情要做。（从吧台上举起一个文件夹，用不屑的语气，对着观众）加州大学伯克利分校的中国研究中心要我做一篇有关大陆政治术语的分析论文，特别是"文革"的术语。而这一段时间，大陆正好是词汇荒。我写了，可他们说看不懂。比如"四斗"，你懂吗？一次斗争不行就两次，两次不行就三次四次五次，这就是四斗。加上提纲、结论，一句话说八遍还不懂，我简直不能相信。有人把这些事情传扬出去，把这件事称作"词语事件"，好像大作家连一篇普通学术报告都不会写。我被"中心"解约了。也怪我不会做人，不会陪着教授和教授太太吃饭打麻将。（一边说，一边把文稿一页一页扔出去）写这些东西，令我厌恶！我没有固定收入，只好做这样的工作。为了生存，我连丁玲的小说都翻译；就是给我一份菜单,我也会把它翻译出来,并且可以翻译出英国闺秀派小说的味道。

匍匐在地,收拾散落的文稿,秋日落叶一般飘忽隐去。

电话铃。答录机。

**詹姆士·莱昂:**您好!赖雅太太!我是詹姆士·莱昂,我在您公寓前等了一个上午了。我已经买好今晚回波士顿的机票,所以急切希望能够见到您。对不起!打搅了!谢谢!

张爱玲出来,在旗袍外披了一件丝绸日本碎花浴衣,侧身,转头,面对观众,低眉顺眼,嘴边渗出微笑,假发盘着大卷,蓬松松、柔软地在脸颊旁妩媚地颤动着。额头一道清光,赋予那张脸清高和远离尘世的意味,也可以是圣洁冰冷的意味,总之,那样的色调如同伦勃朗的画。她拉开窗帘,用望远镜往街上张望。

**张爱玲:**葬花天气,人间无味。我不是赖雅太太了,赖雅死了。他的骨灰也被他的女儿领去了。(从墙上摘下她与赖雅的合影)我遇见赖雅是在1956年的春天,在文艺营里。那一年,我三十六岁,他六十五岁,一个被好莱坞遗忘了的剧作家。

好莱坞一向是没有记忆的。

我对年轻的男人没有感觉。我只对中年以上的男人产生激情。女人要崇拜才快乐,男人要被崇拜才得意。(自嘲似的)遇见中年男子,就是遇见了毒药,我也总是第一个落水。六个月后,我发现我怀孕了。那时,赖雅已经离开文艺营了。我坐上火车去他居住的小镇。有千里寻夫的感觉。出于现实的考量吧，他决定和我结婚，但是不要孩子。我们决定把孩子打掉。我们去了纽约。

纽约的冬天真冷啊！闺蜜炎樱陪我去找私人医生。因为堕胎是违法的，我们只能通过熟人去找私人医生。（边走边说，走进侧幕）

风雪声中，一张铜床被推上场。雪亮的灯光下，天幕上落下一匹白色的纱，掩埋了床上的张爱玲；被单堆叠着盖在张爱玲的身上，如同三宅一生的一件作品。

**张爱玲：**（虚拟对着丈夫赖雅）亲爱的，你拿着斧子干什么？劈柴？生壁炉？（裹紧了身上的白色被单）亲爱的，壁炉里的火已经点上了。真好，真温暖。记得在上海的时候，住在上海的静安寺路，全城戒严，也是冬天，姑姑去朋友家了。我一个人在家里，冷得不行，生了一个炭盆子，那个乱世……（思绪飘远）浮世的快乐比浮世的悲哀更可悲。我的欢乐里，永远夹杂着一丝心酸。

门铃响起。开门。虚拟医生进入。

**张爱玲：**（虚拟面对医生）医生，您来了。是的，我是赖雅夫人，我们要开始了吗？是的，已经四个月了。什么？你担心打不下来。万一打不下来怎么办？那会怎样呢？不上不下，卡在那里？只能大卸八块了？（惊恐）也许要刮宫？我不明白？我以为只是一个小手术。好的，只好这样了。我的丈夫就在隔壁，如果有意外，他说，他会杀了您的。当然，您知道，他是好莱坞的编剧，他喜欢用这种方式说话。

（伸出手臂）好吧，来吧，我准备好了，可以开始了。（虚拟动作：针头扎进血管，一个哆嗦。抬头看着医生）

医生，您知道吗，您给我注射药物的时候，我想起了中国的一部小说《歇浦潮》，那是一部被中国人忽略了的小说。那里面，也有用药引子堕胎的细节。您让我不要说话？是的，是的，我知道。我现在唯一可做的事情就是祈祷了！我妈妈说，我们湖南人是最勇敢的，最勇敢的！……（轻声对自己说）但是我是真的害怕呀。（躺下，将脸埋在被单里）

门楣上，啄木鸟的挂钟嘀嘀嗒嗒。张爱玲在床上，在白色的被单里翻滚，啄木鸟出来报时，令在场的观众一惊。窗外，警车呼啸而过。

依旧在床上，似乎听见动静，从被单里探出身子，赖雅从外面进来。

**张爱玲：**（虚拟面对赖雅）亲爱的，你回来了？你在对街买了一只烤鸡？晚餐？我要不要吃一点？（突然俯身，一阵抽搐，掀开被单查看）上帝啊！出来了，是一个男孩。（坐直了身子，头发被汗水濡湿，做出抱起男孩的虚拟动作，动作很别扭，很生疏）是一个男孩子，一双眼睛大得不合比例，就这样眼睁睁地看着我。（把孩子放在床单上）我一向对于小孩是尊重与恐惧的。倒不是因为"后生可畏"。多半他们长大成人之后也都是很平凡的，还不如我们这一代也说不定。父母大都不懂得子女，而子女往往看穿了父母的为人。自我牺牲的母爱是美德，可是这种美德是我们的兽祖先遗传下来的，我们的家畜也同样具有——我们似乎不能引以自傲。本能的仁爱只是兽性的善。我们的精力有限,在世的时间也有限,该做的事又有那么多——凭什么我们要大量制造一批迟早要被淘汰的废物? 我们自己是要死的,可是我们的种子遍布于大地。我从来不想要孩子,如果我有孩子,一定对我很坏,替我母亲报仇。

张爱玲起身下床,继续着怀抱婴儿的动作。她沿着床架小心翼翼地走过去,走出舞台。真丝的睡衣裤灌满了风,如同一群白色的起飞的鸽子。

拟效:抽水马桶排山倒海的巨响,夸张、刺激、震撼。

张爱玲更加苍白地进入舞台,恍恍惚惚,摇摇摆摆,身子薄得如一张纸,梦游一般,坐下来,坐在床边上。

**张爱玲:**这么小的一个肉身,足有十英寸长,笔直地立在白瓷壁上,恐怖到极点的一瞬间,我扳动了坐便器的冲水把手,以为冲不下去的,竟在波涛汹涌中消失了。消失了——花了四百美元。赖雅没有钱。自己的孩子,用自己的钱毁尸灭迹。

哦,有什么东西,在内心底层破碎了。是的,我听见了破碎的声音。(灯光打在张爱玲童年的照片上)

我不要孩子! 我不要做母亲! 萧红也是这样的,也是这样的。萧红比我还要不堪,出生的孩子离奇地死去。莫非,也是母亲的谋杀? 生于这世界,没有一样感情不是千疮百孔的。

张爱玲搬一把椅子坐在自己童年的照片前,优雅地悲伤地坐着。灯光定格在她的额头,光滑的没有任何俗念的额头。

生命可以无限制地发展下去,变得更坏、更坏,比当初想象中的不堪的境界还要不堪。我喜欢自己三岁时怀疑一切的目光。将生命尽情地演出,不在乎别人的掌声。

电话铃大作,答录机。

**詹姆士·莱昂**:赖雅太太! 赖雅太太! 您在吗? 我们约好的,今天上午见面,现在已经下午5点了……

张爱玲,笔直地坐着,无比安详,如入无人之境般。

**张爱玲**:我已经说过了,张爱玲不在。

——落幕

[第二场]

桌上一瓶日本插花。

张爱玲穿一件雪纺绸晨衣,后背一朵巨大的绽放的红玫瑰,暗喻她的小说《红玫瑰与白玫瑰》。

一双雪白的长毛绒拖鞋,背对观众,在水池前洗碗。

吧台上,一台很小的电视机,音量很大,也可以出现画面:

历史上的今天——

1963年11月22日,美国总统约翰·肯尼迪在美国南部的得克萨斯州达拉斯市遇刺身亡。

1971年11月22日,苏联无人驾驶的火星2号宇宙飞船把着陆器送到火星上,这是人类第一次派到这个星球上的"使者"。之后,美国也向火星上发送了同样的"使者"。

1975 年 11 月 22 日,胡安·卡洛斯出任西班牙国王。

1989 年 11 月 22 日,黎巴嫩总统遇刺身亡。

1990 年 11 月 22 日,撒切尔夫人告别唐宁街。

**张爱玲:**(继续洗碗)1963 年,我在华盛顿,已经做了七年赖雅的太太。

卦书上说,那一年,我将交好运。我希望我的英语小说《雷峰塔》和《易经》出版,(用干布很仔细地擦碗)但是没有出版社愿意出版。都说人物太多,历史太复杂,看不懂。《少帅》的书也没有人愿意出。我自己也觉得这部小说写得很坏,居然把赵四小姐写成了有预谋有心计的雏妓。大约是因为,我既不喜欢张学良,也不喜欢赵四小姐的缘故。其实,我是想把这个题材写成另一个版本的《倾城之恋》的。

1971 年,赖雅离开四年了,我成了赖雅的遗孀。

1980 年,胡兰成在日本去世,得到这个消息的同一天,我收到了七千美元的稿费,难免觉得是生日礼物。

1986 年,我的继母,民国总理家的七小姐死了。我的继母败光了我们张家的全部家当。

那一年,我的姑姑在上海结婚了。姑姑是一位老小姐,八十多岁,终于嫁给了自己的意中人。没几年,得了癌症,也走了。

走了,都走了,好像一部现实版的《红楼梦》,死得干干净净。可我还活着,活着。我奶奶说,单单是活着,就是一件大事,就是壮举。

(一只碗从手中滑落,碎片一地。张爱玲蹲在地上,拼贴着碎片）这碗，从前，宫里面的东西，妈妈箱子里的古董，也有一百年的历史了吧。今天，在我的手里碎了，碎得如同一个寓言。（突然看见了什么，惊恐地跳起来）跳蚤！跳蚤！新房子里也有跳蚤了！

褪下拖鞋不管不顾地拍打。打开厨房柜子，拿出杀虫剂瓶子，一路喷洒过去，有歇斯底里状，喷完一罐，又拿起一罐，浑身瘙痒状，抽屉里翻出药膏在身上涂抹，脱下外衣、拖鞋、发套、手套，扔在一个黑色的垃圾袋里，扎紧了拖到门边。

直起腰，招牌的叉腰姿态。呼一口气，似乎是下了很大的决心，打开房门，把垃圾袋拖了出去。迅速闪身回到屋子里时，手上多了一捆邮件，顺手放在门口。在门口的一隅，邮件已经堆积成一个颇具规模的几何方块里。张爱玲仔细地锁上门上的三道锁。

**张爱玲**：生命是一袭华美的袍，爬满了蚤子。这是我十八岁的时候写下的句子，居然一语成谶。为了这些咬啮性的小虫子，这些咬啮性的污秽的小烦恼，我在四年的时间里已经搬了一百八十多次家了！要是说出去，人家一定会以为我神经出了问题。当然，已经有人写文章说我病了。张爱玲病了！自己想想，也是。（自嘲）神经病！

电话铃。响铃一遍又一遍，转到语音录音。

**李 季**：您好！张爱玲女士！我是李季，有一个紧急情况一定要告诉您。据我们了解，有一位女记者，叫文姬，您拒绝了她的采访，她便租了您隔壁的公寓，贴着墙根听，从猫眼里偷窥,还翻检了您邮箱里的信件和丢弃的垃圾,并且据此知道了您对某些作家的评价,也知道了您的饮食习惯,比如,您喜欢吃 RALPHS GROCERY 饼铺生产的胡桃派,成分是玉米浆、脱脂奶、红糖、棕榈油(与椰子油近似)、柠檬酸和大胡桃及大豆粉,还有六块装的苏格兰松饼,每天喝 TWO - TAN 牌的低脂鲜奶,每盒大约一个品脱,还有 S&W 的低盐菠菜,完全不含油脂。罐头外层包装纸上有一只双耳金碗盏和金托子,你也吃嫩花椰菜尖和豆角,不加盐,罐头倒得很空很干净,圆盖掀起的铁皮也按了回去……

张爱玲:(戴着口罩,戴着乳胶手套,一边听,一边拿着手电筒四处寻找可疑的有虫子的地方)

中国人向来不懂得尊重隐私,所以我不能居住在港台,也不能居住在上海。

搬来梯子,向排风扇口喷射杀虫剂。一个趔趄,从梯子上落叶一般掉下来,一声尖叫,落在地上,久久不动。一片沉寂之后,如同植物一般牵起身子,爬向电话。

张爱玲:(握电话听筒,拨号码)嗨,请问林式同先生吗?我是张爱玲。是的,这里很好,我很满意您为我推荐的房子,只是最近公寓里又发现了虱子,千真万确,是虱子。是南美的那种虱子。杀虫剂也没有用。还有,我的地址也被泄漏出去了,有记者就住在我的隔壁,像侦探一样。(拿起一份报纸)报纸上说,拉斯维加斯有新建的公寓,那里是沙漠,非常干燥,大约不会有虱子。也不会有人找到那里去的。我想搬到那里去住。是的是的,您一定不会同意,一个老太太,孤身一人住在那样的地方。您一定是以为我是心血来潮,或者是疯癫了。其实,我就是一个岛,一个孤岛,我享受这种孤独的生活状态。在没有人与人交接的场合,我充满了生命的欢悦。好,等你新的公寓盖好,我就搬过去,(浅笑一声,恢复常态)您知道,我的母亲和姑姑,在上海的时候,也总是挑新房子住的,住顶楼,是的,挑剔得很。(略顿)听说台湾的三毛死了?是用丝袜自杀的。你不知道?是的,你是做房地产的,不知道她。她和琼瑶,曾经拿我的故事写了一个电影《滚滚红尘》,林青霞和秦汉演的。把我编派得很厉害。听说,林青霞天天烧香拜佛,因为我还活着。所以有人要写我的传记,我都拒绝了。我的人生,必须我自己来写。是啊,我已经写了,书名就叫《小团圆》。为什么是小团圆?人生哪里有什么大团圆?只有一个一个小小的圆满而已。(抱歉地)我是夜间动物,白天,人世是与我无关的,天都快亮了吧。(撩开窗帘,往外一瞥)我很少看见清晨的样子,就像吸鸦片的人,就像陆小曼和我父亲那一家子。你这一向都还好,只是给您添了太多的麻烦,真是打搅了。谢谢!请代问候夫人好!好的!我们半夜搬家,神不知鬼不觉,让那位记者守空房。(愉快地大笑)

张爱玲放下电话,继续摆出她的招牌的叉腰斜睨的姿态,思考着。须臾,开始紧急行动。搬出一个一个瓦楞纸板箱子。

**张爱玲**:搬家!搬家!三搬当一烧,我搬家的次数太多,平时也丢三落四的,一累了就精神涣散,越是怕丢的东西越是要丢。

（敲门声。张爱玲把房门打开一条缝,虚拟面对房屋管理员）抱歉,房东夫人,您有事吗?什么?邻居说,这里动静很大,打搅他们了?（用纸巾擦着鼻子,嗄嚅地）对不起,我感冒了!噢,不必担心,没有什么需要帮助的,不过还是要谢谢您。是的,我在运动,想发发汗,麻烦您和邻居们解释一下。实在抱歉!抱歉!（迫不及待地要把门关上。门外,管理员坚持不走的气势,继续敲门。张爱玲只能再次把门打开,依旧是一条缝的尺度,锁链执拗地挂在门上）请问,还有什么事?您说您注意到,我的邮箱上写了一个越南人的名字,给邮递员造成了很大困惑。（迟疑地）是……是这样,您知道,我有一个穷亲戚,我很害怕她来问我借钱……（害怕对方不相信）是的,因为,因为我是,实在没有什么钱,我连信用卡都没有……（再次企图关门）实在抱歉,我不能请您进来,我担心我的感冒会传染。什么?您觉得我屋子实在太混乱了,您要请人来帮助我打扫?哦,夫人,请您相信,我自己可以打理的。可以的,我会打扫的,您不需要给我的租赁担保人林先生打电话的,也千万不要取消我的租赁合约。我会保持公寓必要的整洁的。夫人,请您稍候,（突然无比轻盈地飞驰进去,少顷,再次出现的时候,手上一个包装的很漂亮的香奈儿五号香水,从门缝递过去）圣诞节快到了,这是圣诞礼物,祝您圣诞节快乐!圣诞节快乐!

迅速地关上了门。管理员继续敲门,张爱玲用身子抵住门,唱起圣诞歌曲,声音细而高而脆弱,终于爬不上去,断了。侧耳，门外也终于安静下来，张爱玲如释重负。

**张爱玲:**洛杉矶这样的热，哪里有圣诞节的感觉？我是连一张圣诞卡都没有寄出去。（略微停顿，转身继续搬运纸板箱。一共十五个纸板箱子，每一个箱子上面写着张爱玲出版的各类作品。拿起一本《张看》，封面上有她的头像）"张爱玲""张爱玲"，是我念小学的时候，妈妈临时给我起的名字，一直觉得俗气，想要改掉。可惜，已经改不掉了。张爱玲出名了！出名了！出名要趁早！出名要趁早！出名来得太晚的话，快乐也不是那么痛快。我写过一本散文集，叫《张看》。现在不是"张看"了，是"看张"了，是别人争着抢着来看我写我了。（忽然颓唐地）可惜在美国，林语堂比我更出名，赛珍珠比我更出名，英语世界不接受我。（用京白）罢罢罢，罢了，罢了也。

青衣身段，蜻蜓点水般坐在箱子上，一块手帕，轻按额角的虚汗。

生命有它自己的图案，我们唯有临摹。（从纸板箱里拿一份报纸，念）"张爱玲，是一口任由各界人士四方君子尽情来掏的古井，大方得很，又放心得很——再怎么掏，都超越不了。各个掏古井的人，却又互相看不起，窃笑人家没有自己真正领略她的好处，不够了解。"（一个水袖状，巧笑一声，摘下隐形眼镜，换上普通眼镜）所以，我的地址保密到了变态的地步，因为我不想让我的粉丝们知道，那个才女，那个贵族的后代，那个著名的女作家张爱玲，住在如此潦草的地方。不，绝对不能。我不想成为著名的人，我要成为绝代的人。（碎步，又去另一个箱子里翻检。这次是一本小说集《传奇》，张爱玲自己设计的封面）我的小说，一贯会在传奇里面寻找普遍人，在普遍人里寻找传奇。其实，传奇无须寻找。（招牌的斜睨）而我，只是一个自食其力的小市民而已。

一叠一叠地整理文稿，嘴里哼着《西厢记》的词："落红成阵，风飘万点正愁人。池塘梦晓，阑槛辞春；蝶粉轻沾飞絮雪，燕泥香惹落花尘……隔花阴人远天涯近……"，戛然而止，脸色大变，动作剧烈起来。

**张爱玲**：《海上花》《海上花》，《海上花》的译稿不见了，（看着手上的稿纸）这是初稿，这也是初稿，（整个身子探进箱子里，捞出一叠稿纸）四十回后全不见了！不见了！十年啊！如此却怎了得！（一个一个箱子的翻找，文稿如雪片在屋子的天花板上飞舞，覆盖了整个舞台的地面，她颓唐地坐在纸堆里）我要报警，报警……（声音渐弱。继续在纸板箱子之间幽魂一般穿梭。电话铃大作。张爱玲吓得一哆嗦）

电话答录机。

**夏志清**：爱玲，您好！我是夏志清。我曾经劝你把《海上花》的翻译当学术性的读物看待，加一篇你自己写的导论、我的前言，交给哥伦比亚大学出版。你不接受我的建议，后来，你也不提这部《海上花》了。庄信正对我说，这部译稿搬家时丢了，你魂飞魄散、脚也软了。（略顿）我听了好不心痛，好不心疼啊，你多年的心血全付诸东流了。

张爱玲坐在地板上，绣花拖鞋，一只凤，头朝外，鸣叫状，张爱玲闻言极大触动。突然地一阵悲凉，哽咽、抽泣、号啕大哭,好像一辈子的委屈都在这一刻宣泄。如偶像剧里的女生,用卫生间卷筒纸擦拭鼻涕眼泪,卷筒纸扯出去很长很长,像要把她包裹起来。

**张爱玲**:(继续哽咽)好吧,好吧,我就像后宫的女子,冷清清、一片埋愁地。钗钿约,竟抛弃……(这样念着,摇摇晃晃地起身,打开一包邮件,忽然一声锐利地尖叫,再次如小女生一般跳将起来)蟑螂! 蟑螂! (她拿起电话,拨号)您好! 是物业公司吗? 我是307房客,我这里发现了蟑螂,是的,很小的那种,(用镊子提起蟑螂的尸体,拿到灯光下)对了,是德国小蠊,请您赶紧派工人来喷药水! 一定要毒死牌的有机磷杀虫剂! 毒死牌! 毒死牌!

**张爱玲**:(指挥工人灭蟑螂)这里,把这里的排气口也请堵上,不然,洗一个澡,会掉下三四个蟑螂。还有这里,壁灯旁的这条缝也请用水泥糊上,是的,是的,就这样。这些邮件也请全部清理出去,我担心里面有虫卵,越彻底越好……

舞台灯光渐次暗去。

张爱玲斜倚在一张椅子上。

画外音:《西厢记》第四折(么篇):"黄昏这一回,白日那一觉,窗儿外那会镀铎。到晚来向书帷里比及睡着,千万声长吁怎挨到晓……"

——落幕

[第三场]

另一处公寓。

刚搬完家的样子。

如果说前一个公寓还有巴洛克的、贵族的影子，那么，眼前的这个公寓便是学生宿舍。

十五个箱子凌乱地占据了舞台的中心位置。

张爱玲从门外进来，戴着假发套，穿着香奈儿的套装，嘴上涂香奈儿的口红，一个伊丽莎白·泰勒的发型，肩上一只香奈儿经典款的手提包，手上一个透明的购物袋，另一只手臂上缠着绷带。她换了鞋子，摘下假发套，把购物袋里的食品一一放入冰箱。

门铃响。

张爱玲迅速戴上发套，一反常态，动作极其轻盈愉快地开门。

炎樱一头卷发，一件印度料子的旗袍，细细的高跟鞋，闪烁的首饰，如同一棵圣诞树，她拖着一只LV箱子进来。两人隔着咫尺，千山万水心中越过，无语，有泪。炎樱慢慢地把头靠在张爱玲的肩头，越过张爱玲的肩头，她看见了自己和张爱玲的合影，她松开张爱玲，趋前，抚摸着照片上的自己。

**张爱玲**：上次，1961年，我住在旧金山。你说你要来，我等了你一个晚上。这次，你说你要来，我等了你整整两天。我对自己说，宁愿是因为下雨，你没有来。可是洛杉矶没有雨。

**炎 樱**：（完全沉浸在自己的思绪里）这是1942年，我们刚从香港大学回来，在静安寺路，爱丁顿公寓，你家的阳台上,你姑姑给我们拍的。用的是德国相机。

张爱玲托了一个一次性的纸杯,递给炎樱,两人的状态使用平行蒙太奇,譬如小生和青衣,各表各的,但逻辑是统一的,都是在回忆彼此交集的岁月。

**张爱玲**:这是茉莉香片,我父亲的最爱。吸完了鸦片,他总让老佣人沏一杯茉莉香片,下午淡淡的阳光,古墓芯子的老宅里,茉莉香片的气息,金丝楠木的气息,榻上满是宋版书,那样子的淡雅,空气里鸦片的味道,令人昏昏欲睡……

炎樱啜了一口茶,顺势坐在一个纸箱上,摇摇欲坠,又站起来,巡视屋子。

**炎　樱**:你这,真是斗室啊,大小姐!我想起你家的老宅,二十四个房间,门庭若市,陆小曼来搓麻将,也和你父亲和继母票戏……

**张爱玲**:(模仿性地吊了几嗓子)陆小曼的画还可以,那戏唱的,就是一个扮相而已。那个家,是一个坟墓……

**炎　樱**:你继母,孙家的七小姐可还在?

**张爱玲**:死了!我们张家都是败在她的手里的。其实我是怕她的。她嫁过来,我紧张得不得了,天天便秘,每次灌肠,如临大敌。她还挑唆我和父亲的关系。所以我逃出来。我们家再有钱,也已经不再姓张了。我逃到母亲家里。第二天,弟弟也来了,腋下夹着一双篮球鞋,说也要和母亲住。母亲说,我的钱只够养你姐姐一个人。你是儿子,财产上,必定不会亏待你。弟弟哭着走了。望着弟弟的背影,我也哭了。你知道，我是很会哭的。

**炎　樱**：你弟弟长得美，一双眼睛，水灵灵的，不知道像你们家哪位祖宗，反正不像你。

**张爱玲**：弟弟和我母亲的相貌都很特别，和家族里的人都不相干。听家族的老人说，大娘没有孩子。我母亲是小妾生的，是遗腹子。看见是女孩子，大娘差点晕过去。赶紧偷偷又从外面抱了一个男孩子回来，谎称是龙凤胎。否则，无后、无男丁的女人是要被族人赶出去的。

**炎　樱**：你弟弟后来娶了哪家的女孩子？

**张爱玲**：结婚是需要费用的。我们这样的人家，排场小不了。继母怕花钱，不给我弟弟说人家。一直拖着，都四十多了，邻居给说了一个小户人家。人家也没提什么要求，只说是买一块上海牌的手表，弟弟拿不出这笔钱，继母也不给，就此耽搁了。后来，继母和父亲借住在一间十二平方米的房子里。我离开那个家的时候，我们家还有几条街的房产，乡下还有田产呢！

我们家的人，都是给金钱劈杀了的。《金锁记》里的曹七巧，有我三妈妈的影子，也有继母的影子。我父亲不也是？为了几本宋版书，出卖了自己的亲妹妹。

**炎　樱**：大家族，就是故事多。我还记得你写小说《茉莉香片》时的样子，那时你住在爱丁顿公寓，把你母亲和父亲，还有你自己都写进去了。灵感断线的时候，我们下楼去买油煎臭豆腐，蘸很多辣糊酱……

**张爱玲**：因为辣糊酱不要钱嘛。

炎　樱：你呀，惯会顺手拈来，这个臭豆腐辣糊酱的细节，写在了《十八春》里。

张爱玲：算你眼尖。也写了你们家呢。有位女子哭着找到我们家，说她就是小说里的曼桢。我自然还是"张爱玲不在"！多亏了我姑姑，把她好生给劝走了。

炎　樱：有一个人，在南京，读你的《封锁》，读着读着，身子就坐直了哦。

张爱玲：往事休要再提。那样的一个男人……男人彻底懂得一个女人之后，就不会再爱她了。而女人一旦爱上一个男人，即使一杯毒酒，也一饮而尽，生死度外！

炎　樱：那天，在你的客厅里，你和那个人拜天地，他在婚书上写"岁月静好，现世安稳"，我很震动。可是你只买了一张婚书。

张爱玲：我和这个无赖人的感情，别的不够，结婚是够了。没有一个女子是因为她的灵魂美丽或者才华而被爱的。现实生活中的爱情并不是那么对等。当你爱的更多，付出更多的时候，你自己都会觉出自己的卑微！（与炎樱并排，一如青春年少时靠在公寓阳台上看风景的样子）1944年，他从南京回来，找到我家门口，我自然是不见。他留下一张纸条，隔日，还托了我们家的亲戚、上海道台的孙子邵洵美来疏通。（走到台前口，与观众拉家常的姿态）那个春日坠坠的下午，我按着他纸条上写的地址去他的家。他家人多，大、小老婆，还有四个孩子。我们坐在二楼，窗外，一大片街区，都是我家祖上的地产。他说，在南京，他特地去寻访了我祖父母的老宅,还在园子里折了一支茶花给我。他还说了他庶母的故事,庶母是小康之家的女孩子,生得美,有许多人来做媒,但都没有说成。那时,她不过十五六岁吧,是春天的晚上,她立在门后,手扶着桃树。她记得她穿着一件月白色的衫子,对门住的年轻人,同她见过面,可是从来没有打过招呼的。他走了过来,离得不远,站定了,轻轻说了一声:"噢,你也在这里吗。"她没有说什么,他也没有再说什么,站了一会,各自走开了。就这样就完了。后来这女人被亲眷拐了,卖到他乡外县去做妾,又几次三番被转卖,经过无数的惊险的风波,老了的时候她还记得从前的那一回事,常常说起,在那春天的晚上,在后门口的桃树下,那年轻人。于千万人之中遇到你所要遇到的人,于千万年之中,时间的无涯的荒野中,没有早一步,也没有晚一步,刚巧赶上了,那也没有别的话好说,唯有轻轻地问一声:"噢,你也在这里吗?"我和这个无赖人,在当时,也是这样的感觉吧。我陷落下去,也是活该。

炎　樱:你叫他什么? 无赖人?

张爱玲:哎,上海话里,胡兰成就是"无赖人"嘛!

我最讨厌他沾沾自喜的样子,他在信里说:"你死了,我的故事就结束了,而我死了,你的故事还长得很。"

这个无赖人,因时局变迁,逃到温州避劫。我竟然会二月里千里迢迢特为看他去。那时,这个男人面不改色地又有了个女人。是朋友家的寡妇,正是红啼绿怨,我却只能与他表兄妹相称。旧爱新欢。因两个女子同是他的人,他更是得意。我无事可做，便提出给这个女人画像。无赖人站在一边看。勾了她的脸庞眉目，正待画嘴角，忽地停笔，只觉得她的眉眼神情，越来越像无赖人，一时，便有了黛玉焚书的念头。回到上海，就写信去离婚了。这个乡下女人怀孕，是无赖人的，到上海来找我，问我要钱，我给这个女人一个金镯子，要她去换钱。如今想起来，灵魂好像过了铁。

炎　樱：那是你的倾城之恋。

张爱玲：那是我的一劫，比如躺在浴缸里，被热水烫伤了，火烧火燎。人有三恨：一恨鲥鱼多刺，二恨海棠无香，三恨《红楼梦》未完。我还要加上一恨，那就是这个无赖人。难怪陈寅恪八十万字写妓女柳如是，叹的便是伪名儒不如真名妓。他居然把我说成是他的妾！实在夹缠不清。不过，时间已经替我报了仇。他死了！他最后一任夫人是上海滩著名的白相人嫂嫂，是76号特务机关的女魔头。（从箱子里抽出一本《良友》画报）你还记得这个人吗？

炎　樱：郑苹如呀，中日战争中的女间谍。

张爱玲：郑苹如，就是被76号枪杀的。我用了二十多年的时间，把她写成了《色·戒》，真实版里，刺杀的地方，第一西比利亚皮货店，就在我家的楼下。

炎　樱：这个事件很轰动的。刺杀丁默邨失败后，郑苹如揣了一把女式的勃朗宁手枪，准备再次行动，可惜一进门就被捕，连审都没有审，就被秘密暗杀了。

张爱玲：人性是无法解释的。当时我对无赖人心动……他是老手了,三角眼,脸上有兵气,总使人不安全。那天,他在我家里看画册,金粉金沙深埋的宁静,他的微笑没有了往日的讽刺性,有点悲哀。他的侧影迎着黄昏的光,落日落在他的脸上,睫毛像米色的蛾翅,在我看来是一种温柔怜惜的神气,以为这个人是真爱我的。突然,心里轰然一声,再想后悔,已经太晚了。我是有人性的正常的弱点的。女人为了爱,是可以牺牲的。我把这个弱点用在《色·戒》女主角身上了。

炎　樱:你可以这样,可是这个情节放在特工身上很不合理。特工都是经过严格的专业训练的,怎么可能轻易地对猎物动情?

张爱玲:我去台湾,查过档案。郑苹如的上线说,因为丁默邨是老手,中统故意不对郑苹如做专业训练,怕被识破。

炎　樱:太残酷了。

张爱玲:当初郑苹如刺杀丁默邨是在皮货店,我改在了珠宝店。你父亲开珠宝店呀,我熟悉那样的环境,写起来顺手,一个女人被钻戒打动,也是顺理成章。

炎　樱:无赖人给你买过首饰吗?

张爱玲:我哪里会得敲他的竹杠?这是欢场女子的计谋。钻戒是我母亲给的,算是嫁妆。好的都给她卖了,只剩了一只火油钻。到我这一辈,我也没有见过什么好东西。

炎　樱:难怪一部短篇小说你写了几十年。拿来我瞧瞧。我是珠宝痴人呢!(张爱玲从一个锦匣子里托出一个钻戒）这成色，搁在我父亲的店里，也算得是镇店之宝了。
（将钻戒在手指上试来试去）可你也心太软，离婚了还寄钱
给他。知道吗？心软是一种不公平的善良。

**张爱玲**：我在钱上面算得很清楚的。用别人的钱，即使
是父母的遗产，也不如用自己赚来的钱来得自由自在，良心
上非常痛快。可是用丈夫的钱，如果爱他的话，那却是一种
快乐；不爱了，一分钱也不要，绝不欠他，干干净净。即使忍
得骨头都痛楚起来。有些女人本来是以爱为职业的。我
是，也不是。我是绝不缠绵的。

**炎　樱**：（用兰花手指指向张爱玲）你，你呀，单单薄薄
身躯，高傲得什么似的，却装一颗水晶玲珑的心，二十三岁
的时候，你用你那小小的心眼，观察人世，你以为已阅尽沧
桑；哎，你才华横溢的时候，却不够成熟；等到够成熟了，你
却老了，才华都被洛杉矶的蟑螂和虱子蹉跎了，都被堕胎和
赖雅的病蹉跎了。其实你姑姑也是不愿意你嫁给无赖
人的。

**张爱玲**：我嫁给他，我姑姑不愿意，可也是松了一口气。
那时候，一个公寓里住着三个单身女人，我母亲是离婚的，
我姑姑是老姑娘，我们家族的人背地里说上梁不正下梁歪。
我结婚，姑姑是解脱了的。我姑姑八十岁了，也还是结婚。
因为离过婚的女人总比老姑娘要好。我嫁给赖雅，我妈妈
倒是很高兴，特地寄了一笔小钱给女婿。

**炎　樱**：（亲昵地）你们家的女人呀，对男人都是倒贴
的。告诉我，过得好不好？缺钱吗？（略得意地）这几年我

做股票,赚了一些钱。

**张爱玲**:生存一直是悬在我头顶上的一把刀子。赖雅生病,瘫痪在床上,我要喂饭,还要给他换尿布,还要卖文为生,他的病,用完了所有的积蓄,也用完了我所有的力量。(走向台口)我并不觉得赛珍珠和韩素音如何的好,但是我的英文小说没人愿意出版。这些年,我的时间都用在躲避虱子、蟑螂、蚂蚁和搬家、看病上了。真是荒唐的不行,剩下的时间就只够睡觉了,在睡觉前努力地写几行字,好像赶路一样,否则便有罪恶感。钱不够的时候,就拿母亲箱子里的古董去换钱。我总是缺钱的。

**炎　樱**:胡兰成死了,自传体《小团圆》可以出版了。一定轰动,可以大赚一笔了。

**张爱玲**:可我却想把它烧了。(从箱子里抓起一叠文稿,天女散花,白茫茫一片)

**炎　樱**:为什么呀？为什么呀？

**张爱玲**:我也不知道。也许应该烧了。总有一种惘惘地威胁悬在那里。我没有多少快乐,快乐也不值得追求,到头来,一切都是空的,是空的,所以贾宝玉出家了——生命却是比死更可怕的。或许,做妙玉也未尝不好呢。

**炎　樱**:(发现张爱玲的绑带)你的手臂怎么了？

**张爱玲**:坐公车,被人撞了一下,跌倒了,骨头折了。冷水冲冲就好了,不用担心的。

**炎　樱**:(拿出一个日本能剧的面具)漂洋过海,给你的礼物。

张爱玲:呀,正是我喜欢的物件(接过面具,戴在脸上,道出《西厢记》里的词,可唱可念)花落水流红,闲愁万种,无语怨东风……

炎樱蹑手蹑脚,拖着箱子,往门口走去。

张爱玲:为什么那么着急?是有情人等你?

炎　樱:是呀,我都不敢相信,七十岁的人了,还有人追。我是不是很厉害?

张爱玲:(向前一步,面对炎樱,迟疑地)赖雅死了二十三年了。在二十三年里,我只和我自己相处,只和自己说话——和墙壁上,自己的影子说话……

炎樱闻言,震动,忽然,扑向张爱玲,紧紧抱住张爱玲。张爱玲慢慢地也把自己的一只手臂搭在炎樱的肩头,眼泪汩汩落下。

——落幕

[第四场]

墙上,母亲的照片。

一只旧皮箱。茶几上,沉香炉,青烟缭绕,暗喻张爱玲的作品《沉香屑》。

张爱玲穿一件软缎睡袍从浴室里出来,上面绣着海棠。步履如一缕诗魂;衣服另有一种特殊的诱惑性,走起路来,一波未平,一波又起,有人的地方是人在颤抖,无人的地方是衣服在颤抖,虚虚实实,半人半仙。她拉开窗帘,一个很大的满月。月光飘移到母亲的照片前。

张爱玲：那是三十年前的月光吗？不，当然不是，三十年前的月亮早就落下去了。（移步到母亲照片前）妈妈，是你吗？你来了？你真好看，好看得好像是一场梦。你总是不在，总是不在。我习惯了你不在的日子。你是笼子的鸟，笼子的门开了，你飞走了。我是绣在屏风上的鸟，紫色缎子的屏风上，织锦云朵里的一只白鸟，年深月久了，羽毛暗了，霉了，给虫蛀了，死也还是死在屏风上了。（面对观众）我是用一种罗曼蒂克的爱来爱着我母亲的。母亲非常时髦，虽然是缠了足，但还是穿高跟鞋，鞋子是用小羊皮做的，脚尖还要塞棉花，再热的天躺在床上也还要穿丝袜。我想方设法地讨好母亲，却处处失望。亲戚夸我忠厚。母亲说，忠厚乃无用之别名。母亲说我就一样好。我想着小说里的女主角只有一样优点的时候，永远是眼睛，那海样深，变化万端的眼睛，知道自己没有，但仍旧抱着唯一的希望。没想到，母亲就一句："她的头圆。"一次，母亲带我过马路，牵了我的手，一咬牙，才抓住了，母亲的手指像一把竹筷子横七竖八夹在我的手上。一过马路，母亲立即松了手，这是母亲回国后唯一一次和我的身体接触。我始终记得母亲说的那句话："你不喜欢的人跟你亲热最恶心。"因为怕向母亲要钱坐公共汽车，我宁可走半个城回去。母亲说："反正你活着就是害人！像你这样只能让你自生自灭。"我一直觉得是自己拖累了母亲，害她花了很多钱，还吊牢了她，害她没有自由。等我有钱了，我还了母亲二两金子。我用手帕包了金子递了过去。母亲哭着说出"虎毒不食子"这样的话。可是我还是毫无感觉,我的心早已硬了,死了。

月亮如气球一般飘进来,如幽灵一般在屋子的空间浮游,最后,落定在舞台的一侧。

**张爱玲**:今晚的月亮好大呀,中秋了,是我的生日。

(拿起一张小时候的照片)这是我吗? 我自己都不认得了。但不是我又是谁呢? 那是一个阴天的下午,小阳台上,母亲替这张照片着色。细瘦的黑铁管毛笔,一杯水。她把我的嘴唇画成薄薄的红唇,衣服也改成最鲜艳的蓝绿色。那是她的蓝绿色时期。

电话。答录机。

**张安妮**:您好,张女士! 我是台湾皇冠出版社的编辑张安妮。我十分荣幸地通知您,您获得1994年第十七届时报文学特别成就奖,我们需要您的一张近照。谢谢!

**张爱玲**:太晚了! 来得太晚了! 出名要趁早的!(拉开镜子后面的壁橱,拿出全套照相器材。她把相机固定在三脚架上,坐在镜子前,轻扫蛾黛)我发现我不会削苹果,不会洗手帕,不会过马路,不会社交。我怕上理发店,怕见客,怕给裁缝试衣裳。许多人尝试过教我织绒线,可是没有一个成功的。在一间屋子里住了两年,问我电铃在那儿,我还茫然。我天天乘黄包车上医院去打针,接连三个月,仍然不认识那条路。总而言之,在现实的社会里,我等于一个废物。母亲给我两年的时间学习适应环境。她教我煮饭;用肥皂粉洗衣;练习行路的姿势;看人的眼色;点灯后记得拉上窗帘;照镜子研究面部神态;如果没有幽默天才,千万别说笑话。在待人接物的常识方面，我显露惊人的愚笨。我的两年计划是一个失败的试验。除了使我的思想失去均衡外，母亲的沉痛警告没有给我任何的影响。

（面朝观众）母亲很是失望，骂我是"猪"。这是我们家用来骂下人的词。我母亲居然用在我的身上。

从此，我恨毒了她。

是呀，生活的艺术，有一部分我不是不能领略。我懂得怎么看"七月巧云"，听苏格兰兵吹风笛，享受微风中的藤椅，吃盐水花生，欣赏雨夜的霓虹灯，从双层公共汽车上伸出手摘树顶的绿叶。

画眉，戴上假发套，端详片刻，为手指套上一枚粉红钻戒，不太大，但是光头十足，异星一般。一个弧线的手势，钻戒划出一道光芒，她低头，转动戒指。

**张爱玲：** 我在《色·戒》里用这个戒指杀死了一个年轻的女子王佳芝，在钻戒的光环下，王佳芝产生了幻觉，以为那个男人是爱他的。女人，想的念的不是孩子就是男人。（一丝无奈的冷笑）女人——就连做戏，如果生得美，仿佛即使演技差一点，也可以被宽容的吧？这样的例子很多，尤其在银幕和舞台上。（踩着莲花步子来到相机前，顺手搅过当天的报纸）

这几天写书，写《对照记》。

幸存的老照片，不但珍贵，而且颇有味道，是文字以外的"余韵"。人生的"桃花扇"——"撞破了头，血溅到扇子上，就在这上面略加点染成为一枝桃花"。小小附注也是故事。(一个眼神扫荡着整个剧场,手指使劲地捏了捏自己的双颊)在老照片里钻研得太久了,出来透透气,跟大家一起看同一条新闻:朝鲜主席金日成昨猝逝。因为不理会人间,都传说我已经死了。现在,手持当日报纸,倒像绑匪寄给肉票家人的照片,证明肉票还活着。当然随时可以撕票。

张爱玲按动快门键。闪光灯下,屏幕上出现张爱玲人生中的最后一张照片。

**张爱玲:** 放大了颗粒的空间,装满了黑夜的相册,生命里的恐惧,衣服下的疼痛,聚集了残余的灵魂。晚年来得太晚了,没有悲壮,只有苍凉。

拖过箱子,从里面拿出一件用孔雀羽毛织成的斑斓的袍子,披上。

**张爱玲:** 这是我奶奶留下的老古董。是宫里流出来的东西。真美啊!(略顿)苍凉是一种启示。(手指轻轻抚摸披霞上的绣工)我的心早就习惯了自己抚摸自己的苍凉。我是在四面楚歌中需要一点温暖的回忆。别的,也没什么了。

继续面对母亲的影子。褪下袍子,里面一件赭红色的旗袍。拿起粉扑子,轻扫双颊,一管口红,将双唇染红,颜如桃花,从抽屉里取出一个丝绒盒子,取出一副翡翠耳环。

**张爱玲:** 妈妈,你应该记得这副耳环的。那天,你又要走,你让我在你的珠宝里挑一个物件。我挑了这副翡翠耳环。(戴上耳环)妈妈,我太寂寞了,世界太寂寞了。(环顾四周)真安静啊,安静得令人窒息。时间太快,快得什么也来不及做;时间又太慢,慢得都生出蛆来了。无尽的黑色,谁来陪我?（面对观众）谁？谁？你吗？你？不,不可能!你忍受不了这样子的寂寞,你忍受不了时间的列车轰隆隆地,从你的身上碾过去（脱下鞋子,放在台口,赤脚）。极端病态和极端觉悟的人究竟不多,没有英雄,只有生命的负荷者——妈妈,我累了,我要去睡了。

我活得太久了。

爬进箱子里,把一本脂砚本《红楼梦》垫在颈下。抖落粉蓝色的毯子,盖在身上,天鹅一般缓缓躺下,半个身子露在外面。风吹动了蕾丝窗帘,陈其钢《红楼梦》旋律起。

画外音:

见到他以后,她就变得很低很低,低到尘埃里,但她的心里是欢喜的,从尘埃里开出花来。

爱情的万转千回,完全幻灭了之后也还有点什么东西在的吧……

拟效:孩子们的欢笑。

天幕上,兜头兜脑,落下无数锦缎,挟着一阵玫瑰雨,将张爱玲埋没了。

——落幕（完）

华人地区，张爱玲研究已然成为一门显学：张爱玲学。

即使去世，传奇依旧延续。哪怕是一封信，一张纸片，一件旗袍，都在文坛掀起波澜或涟漪。

张爱玲成为一个文化符号，围观张爱玲是常态，谈论张爱玲是一种时尚。

剑魂箫韵。

张爱玲的豪华家世背景和人生姿态，也很容易变成消费至上时代的心灵鸡汤。

我的文字也许可以为"围观"和"鸡汤"提供一些独特的佐料。

张爱玲的一生大致可以分为两个阶段。

第一阶段为上海的张爱玲（1920—1952 年）。

关键词:显赫家世,问题少女,背叛家族,香港求学,公寓女作家,瞬间繁华,乱世姻缘,最难将息《十八春》,黯然离场。

第二阶段为美国的张爱玲(1955—1995年)。

关键词:文艺营闪婚,纽约堕胎,重访边城,词语事件,锦瑟哀乐,十年一觉《红楼梦》,《海上花列传》译本遗失,重归中文文坛,垃圾事件,人虫大战,中秋辞世。

我追逐、研究、探访张爱玲二十多年,写有张爱玲的著述六个版本,在中央电视台、凤凰卫视、上海电视台、上海图书馆、全国部分高校,以及台湾的诚品书店、台湾多家电台、香港TVB等处做过两百多场有关张爱玲的演讲。

此番,我的这部作品分为两册,书名分别为:

《花开——张爱玲上半出》;

《花落——张爱玲下半出》。

取"花开莲现,花落莲成"之意。

在上海,张爱玲轻易不见人,在美国,张爱玲更是洞穴里的老鼠,对人严加防范,自我埋没。

她是忍者,她的人生亦如一部隐之书;又由于,每当人生发生变故,她必定空间挪移——搬家。故《花开》和《花落》的线索是一串串的地址和门牌号码。

我的研究态度和写作风格是:活要见人,死要见尸,不屈不挠,刨根问底;只要有张爱玲蛛丝马迹的地方,我必定出现在现场。上海自不必说了,香港,张爱玲遗嘱受益人宋以朗的客厅,便造访了四次;美国,独自一人,历时六十多天,访问了张爱玲的学校、同事、邻居和街道,收集了大量的第一手资料,力求向读者展示张爱玲最人性、最真实、最隐秘的一面。

这是一个写实的过程,考据的过程,痛苦与狂喜的过程,也是祛魅的过程。

张爱玲,不看也罢! 看了,就再也放不下来了。